Cornelia Bader

Sozialmanagement
Anspruch eines Konzepts und seine Wirklichkeit
in Non-Profit-Organisationen

Cornelia Bader

Sozialmanagement
Anspruch eines Konzepts und seine
Wirklichkeit in Non-Profit-Organisationen

Lambertus

Die Deutsche Bibliothek - CIP-Einheitsaufnahme

Bader, Cornelia:
Sozialmanagement : Anspruch eines Konzepts und seine Wirklichkeit
in Non-Profit-Organisationen / Cornelia Bader. - Freiburg im Breisgau
: Lambertus, 1999

ISBN 3-7841-1166-1

© 1999, Lambertus-Verlag, Freiburg im Breisgau
Umschlaggestaltung: Christa Berger, Solingen
Satz: texte + töne, Emmendingen
Herstellung: Druckerei F.X. Stückle, Ettenheim
ISBN 3-7841-1166-1

Inhalt

Vorwort

Warum ein Buch über „Sozialmanagement"? In den letzten fünf Jahren hat das Thema nicht nur innerhalb der Theoriebildung in der Sozialen Arbeit einen Bedeutungszuwachs erfahren, auch in der Praxis spielt das Management des Sozialen eine immer wichtigere Rolle. Gleichzeitig weisen aber – bei Lichte besehen – die theoretischen Grundlagen des Sozialmanagements große Lücken und Mängel auf; aus meiner Sicht zeigt sich gerade hier ein großer Diskussionsbedarf. So ist beispielsweise in der Literatur der Begriff „Sozialmanagement" kaum einmal terminologisch sauber umschrieben und schlüssig erklärt. In diesem Sinne ist noch Pionierarbeit zu leisten: „Eine allgemein anerkannte Begriffsbestimmung oder gar eine systematisch ausgewertete Praxis des Sozialmanagements gibt es (noch) nicht." (Deutscher Verein 1993: 886) Defizite und Probleme sind auch in der Anwendung von Sozialmanagement-Konzepten in der Praxis zu konstatieren. Mir ging es bei dem diesem Buch zugrundeliegenden Projekt darum, Informationen und Daten darüber zu bekommen, wie (leitende) Mitarbeiter in Einrichtungen freigemeinnütziger Trägerschaft das Sozialmanagement beurteilen, welche Vorstellungen sie davon haben und welche Erwartungen sie daran knüpfen sowie welche Ansätze und Konzepte des Sozialmanagements wie in den Einrichtungen umgesetzt werden. Denn offensichtlich sind die Beurteilungen und Sichtweisen des Sozialmanagements, die Einschätzung des Gebrauchswertes einschlägiger Konzepte ebenso unterschiedlich wie diffus, wie die Umsetzung in die Praxis, die von naiver Übernahme bis hin zu kritischer Adaption reicht. Diese Praxis zu erkunden und die Ergebnisse bekannt zu machen, bildete einen weiteren Grund für das vorliegende Buch.

Mir schien die Erforschung der praktischen Anwendung von Sozialmanagement-Konzepten vor allem auch deswegen wichtig, weil die Rezeption dieser Ansätze und die daran geknüpften Vorstellungen auch dabei helfen, weiterführende Überlegungen zur Entwicklung der theoretischen Grundlagen und der Konzepte von Sozialmanagement anzustellen.

Praxisforschung ist für mich in einem sehr allgemeinen Sinne ein gleichermaßen notwendiges wie auch hilfreiches Element zur Korrektur und Entwicklung von theoretischen Grundlagen und Konzepten. Vice versa lassen sich mit den aus der Praxisforschung gewonnenen Einsichten und Erkenntnissen Konzepte erarbeiten, die praxistauglicher sind.

Ich beschränke mich in meinen Ausführungen auf die Anwendung von Sozialmanagement-Konzepten in stationären und ambulanten sozialen Einrichtungen im Non-Profit-Bereich, also auf Dienstleistungen, die in der Regel von frei-gemeinnützigen Trägern erbracht werden. Nicht berücksichtigt habe ich in meiner Untersuchung Einrichtungen in öffentlicher Trägerschaft, in denen die Einführung von Sozialmanagement-Konzepten mit ähnlichen Problemen verbunden sein dürften.

Mein Dank gilt Hartmut Fritz, Direktor des Caritasverbandes Frankfurt/ Main e.V., Wolfgang Güldenpfennig, stellvertretender Hauptgeschäftsführer des Diakonischen Werkes Hessen und Nassau e.V., Herbert Reininger, Diakon und Dipl. Pädagoge, ebenfalls Mitarbeiter des Diakonischen Werkes Hessen und Nassau sowie Herrn Woltering, Landesgeschäftsführer des Paritätischen Wohlfahrtsverbandes Hessen e.V. für die anregenden Fachgespräche und das große Wohlwollen, das sie meinem Anliegen entgegengebracht haben. Ganz besonders danken möchte ich aber auch den zahlreichen (leitenden) Mitarbeitern der Einrichtungen für die Geduld und Gewissenhaftigkeit, mit der sie meine Fragen beantwortet haben. Ohne diese Mitarbeit und Unterstützung hätte dieses Buch nicht entstehen können. Allen Studierenden, die durch ihre Diskussionsbeiträge am Zustandekommen des Manuskripts für dieses Buch Anteil hatten, möchte ich mit der Veröffentlichung dieser hoffentlich gewinnbringenden Arbeit danken. Meinem Lektor Rudi Briel danke ich herzlich für die angenehme und hilfreiche Zusammenarbeit.

Texte verlangen heutzutage Sprachregelungen und Begründungen, warum man sich für die eine Version entscheidet und andere außer Acht läßt. Ich verwende generell den Begriff „Soziale Arbeit", unter den ich die Sozialarbeit und die Sozialpädagogik subsumiere. Dagegen bin ich aus Ermangelung begrifflicher Alternativen bei der Bezeichnung von Fachkräften gezwungen, von Sozialarbeitern und Sozialpädagogen zu sprechen; auch bei der adjektivischen Verwendung kann ich nicht auf den Sammelbegriff zurückgreifen. Auch der Begriff „Non-Profit-Organisation" wird sehr disparat gebraucht und bezeichnet in der Literatur Unterschiedliches. „Non-Profit-Organisation" bezeichnet in dem hier gebrauchten Sinne eine private, nicht staatliche soziale Einrichtung, die nicht privatwirtschaftlich kommerziell ausgerichtet ist. Aus schreib-

und lesetechnischen Gründen habe ich an der tradierten männlichen Form der Bezeichnung festgehalten.

Im März 1999   Cornelia Bader

Einleitung

Das vorliegende Buch gliedert sich in zwei Teile. Im ersten Teil analysiere ich den Gegenstand „Sozialmanagement" unter verschiedenen Aspekten. Insbesondere liegt mir an einer Klärung dessen, was Sozialmanagement insgesamt auszeichnet, um darüber zu einer Definition und inhaltlichen Beschreibung dessen zu kommen, was unter „Sozialmanagement" zu verstehen ist und wie die verschiedenen Konzepte und Ansätze in sozialen Einrichtungen im Non-Profit-Bereich verwendet werden können. Diese Klärung scheint mir nicht zuletzt deshalb dringlich, weil die Träger von Einrichtungen bzw. die leitenden Mitarbeiter heutzutage die Management-Ansätze und -Instrumente vielfach recht undifferenziert beurteilen und unkritisch in ihre Praxis übertragen. Wie sehr dieser Zugriff auf Management-Konzepte jenseits notwendiger Anpassungen der Praxis an veränderte Rahmenbedingungen einem modischen Trend folgt, zeigt ein Blick in die einschlägige Literatur. Dort begegnet man einer wahren Inflation von Begriffen, die mit der Endung „-management" versehen sind. Offensichtlich sind die „Heilsversprechen", die diese Begriffe vermitteln, recht wirkmächtig und machen alle Verantwortlichen in sozialen Einrichtungen geneigt, sich davon die Lösung ihrer meist wirtschaftlich bedingten Probleme zu erhoffen. Und zudem suggerieren diese Wortschöpfungen, daß Einrichtungen, die solche Ansätze anwenden, „auf der Höhe der Zeit", fortschrittlich und modern sind. Dieses Buch kann deshalb auch als Versuch gelesen werden, diese Terminologie zu entzaubern.

Zunächst untersuche ich die Genese von „Sozialmanagement" (Kapitel 1.). Ich werfe einen kurzen Blick auf die letzten drei Jahrzehnte der Entwicklung des Selbstverständnisses der Sozialen Arbeit in Deutschland (Abschnitt 1.1.) und auf die Veränderungen in den Rahmenbedingungen, die zu diesen stark betriebswirtschaftlich ausgerichteten Anforderungen geführt und damit dem „Sozialmanagement" diese Bedeutung im Sozialbereich verliehen haben (Abschnitt 1.2.). Wie bereits angesprochen beschränke ich mich in diesem Buch auf die Anwendung von Sozialmanagement-Konzepten in stationären und ambulanten sozialen Einrichtungen frei-gemeinnütziger Träger (Mitglieder von Wohlfahrtsverbänden oder lokale Gliederungen von Verbänden). Nicht berücksichtigt habe ich in meiner Untersuchung Einrichtungen in öffentlicher Trägerschaft, in denen die Einführung von Sozialmanagement-Konzepten mit ähnlichen Problemen verbunden sein dürfte. Von den veränderten Rahmenbedingungen, die ich hier nur in Stichworten wie „Ökonomisierung", „Neue Steuerung", „Outputorientierung", „leistungsgerechte Entgelte" andeuten kann, sind die sozialen Einrichtungen frei-gemeinnütziger Träger deswegen besonders betroffen, weil sie die bisherigen Modalitäten, die Kosten für die von ihnen erbrachten Dienstleistungen zu decken, völlig umstellen müssen (Zuschüsse, Pflegesätze nach dem Selbstkostendeckungsprinzip). Den verstärkt am Wirtschaftlichkeitsgebot ausgerichteten Anforderungen hoffen die Einrichtungsträger und leitenden Mitarbeiter auch mit Konzepten und Ansätzen des Sozialmanagements gerecht werden zu können. Entscheidend für den Umgang mit managementtypischen Maßnahmen in der Sozialen Arbeit ist aus meiner Sicht, mit welchem Selbstbewußtsein die Mitarbeiter im Non-Profit-Bereich auf diese Anforderungen bzw. auf diese neuen Konzepte reagieren. Gelingt es nicht der in diesem Zusammenhang erhobenen Kritik an der Professionalität und der Handlungskompetenz der Mitarbeiter zugleich selbstkritisch und selbstbewußt zu begegnen, wächst die Gefahr, daß Sozialmanagement-Konzepte ohne Änderungen adaptiert werden und die Soziale Arbeit ein Stück ihrer Identität verliert (Kapitel 2.). Die sich daran anschließende Literaturanalyse soll insbesondere dazu helfen, einen kritischen und inhaltlich bestimmten Begriff von „Sozialmanagement" zu erhalten und so eine Antwort auf die Frage zu bekommen, inwiefern die Übernahme von Sozialmanagement-Konzepten in die Praxis mit dem Selbstverständnis der Einrichtungen in frei-gemeinnütziger Trägerschaft (nicht) zusammenpaßt und wie die Adaption dieser Ansätze dafür aussehen muß (Abschnitt 3.2.). Dazu werde ich aufzeigen, wo die Ursprünge und Verwendungszusammenhänge der Management-Konzepte liegen und welche (vielfach übersehenen oder nicht bedachten) Zielsetzungen und Methoden diesen Ansätzen inhärent sind (Abschnitt 3.1.). Auf dieser Grundlage versuche ich dann die Aufgabe zu beschreiben, die dem Sozialmanagement in der Praxis der Sozialen Arbeit bzw. in den Einrichtungen der frei-gemeinnützigen Träger zukommt (Kapitel 4.). Dabei kann ich nur einen sehr kursorischen Überblick über die Leistungspalette des Sozialmanagements in sozialen Einrichtungen geben. Für die verschiedenen Funktionen und Einsatzmöglichkeiten von

Management-Konzepten verweise ich auf weiterführende Literatur. Exemplarisch stelle ich anhand verschiedener Organisationsstrukturen heraus, worin für die Einrichtungen in frei-gemeinnütziger Trägerschaft die neuen und veränderten Gestaltungsaufgaben liegen (Kapitel 5.). Welche Handlungskompetenzen und welcher Qualifikationsbedarf daraus für die Mitarbeiter in den Einrichtungen resultiert, illustriere ich im letzten Kapitel von Teil I (Kapitel 6.). Mit Hilfe managementtypischer Maßnahmen lassen sich in den Einrichtungen die Dienstleistungen nicht nur effektiver und effizienter erbringen, sondern es lassen sich auch Ressourcen mobilisieren und so gleichermaßen ein Mehr an Hilfe und Unterstützung für die Klienten und ein Weniger an Belastung für die Mitarbeiter bewirken. Die in Teil I vorgenommenen Beschreibungen und Klärungen bildeten eine wesentliche Grundlage für die von mir 1998 durchgeführte Untersuchung zur Handhabung von Management-Ansätzen in den Einrichtungen und für die in Teil II dieses Buches dargestellten Ergebnisse. Diese Grundlagen dienten mir gewissermaßen als Rüstzeug zur Konzeptualisierung der Untersuchung, insbesondere zur Gestaltung des Fragebogens, und vor allem zur Interpretation der Befunde. Ziel meiner Erkundungen zum Sozialmanagement in Einrichtungen frei-gemeinnütziger Träger war es herauszufinden, wie die (leitenden) Mitarbeiter dort über das Thema „Sozialmanagement" dachten, welche Erwartungen sie an diese Ansätze knüpften, welche Konzepte sie in ihren Einrichtungen verwendeten und wie die einzelnen Management-Instrumente adaptiert und welche Effekte in der Aufbau- und Ablauforganisation – aus der Sicht der Mitarbeiter – festzustellen sind. Aus diesen Einsichten sind dann – schließlich versteht sich die Soziale Arbeit als Wissenschaft, als eine praxisorientierte Disziplin (Handlungswissenschaft) – die Schlußfolgerungen im Hinblick auf die Qualifizierung der Mitarbeiter und im Blick auf weitere Forschungsprojekte zu ziehen. Zunächst stelle ich das Design (erkenntnisleitendes Interesse, Aufbau des Fragebogens, Auswertung) und die Durchführung der Befragung vor (Kapitel 1.). Die hohe Rücklaufquote (aus rund 60% der angeschriebenen Einrichtungen und Organisationen sind die Fragebögen ausgefüllt zurückgeschickt worden) zeigt, daß die Mitarbeiter in den Einrichtungen frei-gemeinnütziger Träger an diesem Thema außerordentlich stark interessiert sind. So konnte ich die Rückmeldungen aus rund 70 Einrichtungen aus dem gesamten Tätigkeitsspektrum in die Auswertung einbeziehen. Die detaillierte Darstellung und Auswertung der Antworten sowie deren Deutung ist Inhalt und Gegenstand von Kapitel 2.

In der Schlußbetrachtung fasse ich die aus der Erkundung vor Ort gewonnenen Erkenntnisse noch einmal kurz zusammen und unterbreite Vorschläge, welche Konsequenzen sich aus diesen Einsichten ziehen lassen.

Teil I Grundlagen

1. Historische Genese von Sozialmanagement

1.1. EINORDNUNG DES SOZIALMANAGEMENTS IN DAS SELBSTVERSTÄNDNIS SOZIALER ARBEIT

Als Albrecht Müller-Schöll und Manfred Priepke zu Beginn der 80er Jahre den Begriff „Sozialmanagement" prägten und in die Diskussion die Soziale Arbeit betreffend einbrachten,[1] wurden dieser Begriff und die damit implizierten Konzepte in der Sozialen Arbeit wenig beachtet. Damals konnten die beiden Autoren nicht damit rechnen, daß dieser Begriff eine solche Konjunktur bekommen würde. Es hat noch zwölf Jahre gedauert, bis 1992 der von ihnen entwickelte Akademiekurs „Sozialmanagement im Baukastensystem" angeboten wurde und im Sozialbereich auf ein gewisses Interesse stieß (Müller-Schöll/Priepke 1992). Heute sind der Begriff „Sozialmanagement" und die Konzepte, Managementtheorien und -techniken selbstverständlich in das Denken und Handeln in der Sozialen Arbeit eingeführt. Zumindest drängt sich dieser Eindruck auf, wenn man die vorhandene Literatur durchsieht. Daß Sozialmanagement Konjunktur hat, wird auch daran deutlich, daß es inzwischen an Fachhochschulen und Universitäten zu einem Lehrfach geworden ist. Mancherorts werden sogar spezielle Studiengänge und -abschlüsse „(Sozial-)Management" betreffend konzipiert und zukünftigen Sozialarbeitern angeboten. Diese Entwicklung ist noch keineswegs abgeschlossen. Analysiert man das Fächerangebot an bundesdeutschen Universitäten und Fachhochschulen, so zeigt sich, daß die Anzahl derer, die dieses Lehrfach anbieten, immer noch wächst. Schaut man in die Praxis der Sozialen Arbeit, ist die Bilanz noch überwältigender. Das Sozialmanagement ist allem Anschein nach in (fast) allen der von mir be-

---

[1] „Die Idee eines Trainings für Sozialmanagement lag längst auf der Hand. In ersten Schritten wurde mit der Vorbereitung dazu vor zwölf Jahren begonnen." Dies schrieben Müller-Schöll und Priepke, im Jahre 1992.

15

fragten Einrichtungen in der einen oder anderen Form Thema und wird dort umgesetzt (siehe Teil II). Ein ähnliches Bild ergibt sich, wenn man Stellenanzeigen analysiert, die ein untrüglicher Indikator dafür sind, welche Anforderungen und welches Profil künftige Sozialarbeiter aus der Sicht der Arbeitgeber sozialer Einrichtungen bewältigen und „mitbringen" müssen. Die Zeiten, in denen noch zu lesen war: „Wir sind eine soziale Einrichtung und suchen einen verantwortungsbewußten Mitarbeiter, der flexibel und belastbar ist, sowie die Bereitschaft zu Überstunden mitbringt", scheinen vorbei zu sein. Stattdessen werden folgende Qualifikationen von zukünftigen Sozialarbeitern erwartet bzw. verlangt: „Sensibilität und Know-how für eine wirtschaftliche Betriebsführung", „Kenntnis der Konzepte und Verfahren des Qualitätsmanagements", „Kenntnisse und Erfahrungen in Öffentlichkeitsarbeit und Marketing", „Führungs- und Beratungskompetenz", „Empowermentwissen" usw. Alle diese Beispiele aus der Theorie- und Konzeptbildung der Ausbildung und der Praxis sind Schlaglichter: Sie verdeutlichen, wie grundlegend die Veränderungen sind, die sich im Sozialbereich gegenwärtig ereignen. Dieser Bedeutungswandel wird noch auffälliger, wenn man sich die neuere Geschichte der Sozialen Arbeit vergegenwärtigt. Noch vor gut zwanzig Jahren war der Begriff „Sozialmanagement" zwar kreiert, aber faktisch irrelevant. Damals hätten solche Konzepte in Sozialarbeiterkreisen geradezu Empörung und Ablehnung provoziert, wenn es ernsthafte und systematische Versuche gegeben hätte, diese in die Praxis umzusetzen. Deshalb lautet meine These: Der Boom der Kategorie „Sozialmanagement" ist Ausdruck eines „neuen" Selbstverständnisses innerhalb der Sozialen Arbeit (Bader 1998: 17-20).[2] Es ist und war innerhalb der Theoriebildung, Denkmuster und Handlungsstrategien die Soziale Arbeit betreffend alles andere als selbstverständlich, Konzepte aus dem Profit-Bereich in den sozialen Bereich zu übertragen und in ihm zu praktizieren.

---

[2] Beispielhaft zitiere ich Gotthart Schwarz (1993: 15), dessen Ausführungen stellvertretend für dieses „neue" Selbstverständnis stehen: „Gefragt sind Konzepte und realistische Lösungswege, die über ein bloßes soziales Abfedern der ökonomischen und sozialen Entwicklungen durch eine reaktive kommunale Sozialpolitik und Sozialarbeit hinausweisen. Profil und Professionalität der Sozialarbeit stehen zur Diskussion in den Kommunen, aber auch in den Einrichtungen der freien Wohlfahrtspflege."

Um dies zu verdeutlichen, werfe ich zunächst einen kurzen Blick auf die Entwicklung des Selbstverständnisses Sozialer Arbeit in den letzten Jahrzehnten. In Abschnitt 1.2. erfolgt der Nachweis, daß Sozialmanagement-Konzepte keineswegs ihren Ursprung in fachlichen oder ethischen Prinzipien Sozialer Arbeit haben. Die Auseinandersetzung mit Ansätzen des Sozialmanagements, so meine These, sind der Sozialen Arbeit durch politische und ökonomische Entwicklungen aufgezwungen worden. In den 70er Jahren wurde die Lösung sozialer Probleme vornehmlich in der Kritik und Veränderung der Gesellschaft gesehen. Große Hoffnungen setzten die politisierten Sozialarbeiter/Sozialpädagogen in eine Veränderung der gesellschaftlichen Strukturen, die Sozialarbeiter in die Gemeinwesen- und Stadtteilarbeit. Die Klienten begriffen sie als Adressaten politischer Programme. Als Betroffene galten sie als Subjekte der Geschichte. Diese hätten – so die Annahme – allen Grund, Mitstreiter der gesellschaftlichen Veränderungen zu sein. Soziale Arbeit sollte wesentlich politische Arbeit sein. Die Qualifikationen und Handlungskompetenzen, die von Sozialarbeitern erwartet wurden, bestanden vornehmlich darin, gesellschaftsverändernd zu agieren bzw. Strategien zu entwickeln, um Ungerechtigkeiten und Ungleichheit zu beseitigen. Die 70er Jahre waren eine Ära der Revolte und eine Zeit der Reformpolitik. Das Schlagwort „mehr Demokratie zu wagen" wurde von der jüngeren Generation sehr direkt verstanden und handfest umgesetzt. Politische Aktionen wie etwa die Organisierung von Betroffenen standen im Vordergrund: Man „befreite" Jugendliche aus Erziehungsheimen, es entstanden Kinderläden, Konzepte einer antiautoritären Erziehung hatten Konjunktur. Das Ende der Reformära Ende der 70er und Anfang der 80er Jahre, brachte zunächst ein konservatives politisches Klima mit sich. Gleichzeitig machte sich auf Seiten der politisierten Sozialarbeiter/Sozialpädagogen die Erkenntnis breit, daß sich die Betroffenen nicht mobilisieren ließen und offensichtlich andere Interessen hatten bzw. ihre Betroffenheit nicht umstandslos in gesellschaftsverändernde Aktivitäten übersetzten. Die Erfahrung, wie schwierig es ist, gesellschaftliche Veränderungen zu bewerkstelligen, führte zur Auflösung dieses politisch motivierten Konzeptes. Therapeutisch ausgerichtete Ansätze erfuhren einen Aufschwung. Das Interesse galt nunmehr verstärkt dem eigenen Ich. Die Aufarbeitung der eigenen Biographie stand nun deutlich im Vordergrund. Wichtiges Qualifikationsmerkmal war jetzt für Sozialarbeiter/Sozialpädagogen, therapienah zu arbeiten.

Familientherapeutische Zusatzausbildungen zum Beispiel waren sehr gefragt. Soziale Probleme sollten dadurch gelöst werden, daß man deren psychische Symptome bearbeitete und bewußt machte. Selbsterfahrung und Selbstverwirklichung wurden wichtige Anliegen. Beratung und Supervision erhielten einen deutlich höheren Stellenwert. Daß soziale und individuelle Not trotz dieser Bemühungen fortdauerten, entfachte erneut eine Selbstreflektion, bekannt unter dem Stichwort Professionalisierungsdebatte. Nicht, daß Soziale Arbeit – quasi seit es sie als Beruf gibt – nicht das Anliegen gehabt hätte sich zu professionalisieren. Die Geschichte Sozialer Arbeit der letzten 35 Jahre ist auch eine Geschichte der Entwicklung ihrer Professionalität. Insofern existiert dieses Bemühen nicht erst in den 90er Jahren. Hinweisen möchte ich hier auf einen Perspektivwechsel, den Soziale Arbeit in dieser Zeit hinsichtlich ihres Selbstverständnisses vollzogen hat. Viele Sozialarbeiter/Sozialpädagogen erklärten sich jetzt nämlich das Scheitern ihrer Anliegen mit einem Mangel an Professionalität. Es erfolgte verstärkt eine Rückbesinnung auf das eigentliche Feld sozialer Praxis, auf die unmittelbaren Aufgaben und Zwecke Sozialer Arbeit, Hilfe für in Not geratene Menschen zu erbringen. Sich in dieser Hinsicht zu qualifizieren, wurde jetzt wieder zentrales Anliegen der mit Sozialer Arbeit Befaßten, allerdings vor dem Hintergrund der Zielvorstellungen, der Aktivitäten und der Mängel der Praxisansätze der Sozialen Arbeit während der vergangenen beiden Jahrzehnte. Vergegenwärtigen wir uns diese noch einmal: Die Anstrengungen und Aktivitäten für eine Gesellschaftsveränderung auch durch und mit Hilfe der Sozialen Arbeit sahen die Hebel für eine Linderung oder Abschaffung sozialer Not quasi in der objektiven Seite der gesellschaftlichen Realität und hatten diese im Visier. Diese Ansätze hatten sich als Utopie herausgestellt. Die Hinwendung der Akteure zum eigenen Ich, die Versuche, durch Veränderung der eigenen psychischen Probleme die „großen" Probleme zu lösen, stellte sich als Idealismus heraus. Nunmehr versuchte Soziale Arbeit, Sozialmanagement-Konzepte zu gestalten, die Bezug nehmen auf eine veränderte gesellschaftliche (ökonomische) Situation, diese zum Ausgangspunkt der Überlegungen machen und gleichzeitig den „subjektiven Faktor" in den Mittelpunkt stellen.[3] Man könnte auf diesem Hintergrund sagen, daß der Ansatz Sozialmanagement als realistische Synthese in das Selbstverständnis Sozialer Arbeit aufgenommen wurde. Geklärt ist freilich damit noch nicht, wie und inwiefern Soziale Arbeit auf diese

Veränderungen reflektiert und reagiert. Ebensowenig, weshalb gerade Sozialmanagement Anwendung und so breite Beachtung findet. Die Ausführungen sollten deutlich machen, weshalb Sozialmanagement heute mit dem Selbstverständnis von Sozialer Arbeit vereinbar ist.[4]

1.2. VERÄNDERTE RAHMENBEDINGUNGEN UND IHRE HERAUSFORDERUNGEN FÜR DIE SOZIALE ARBEIT

Der „Sozialmanagement-Boom" in der Sozialen Arbeit ist ein Reflex auf objektive ökonomische und politische Entwicklungen, die Soziale Arbeit theoretisch und praktisch auf ihre Weise nachvollzieht. Auslösendes Moment und treibendes Motiv für Management-Konzepte im sozialen Dienstleistungssektor sind nicht fachliche oder ethische Fragen innerhalb der Sozialen Arbeit, sondern ökonomisch bedingte gesellschaftliche Entwicklungen,[5] die ich im folgenden nur kurz skizzieren möchte: Indizien für eine krisenhafte ökonomische Entwicklung finden sich bereits in den 70er Jahren. Als Etikett für die heraufziehende Krise diente seinerzeit das Ansteigen des Ölpreises. Die Abschwächung der konjunkturellen Lage setzte sich in den 80er Jahren fort. In den 90er Jahren wird

---

[3] Hier geht es um die allgemeine Tendenz der Entwicklungslinien sozialer Theorie und Praxis und um das Festhalten der Perspektivwechsel innerhalb des Selbstverständnisses Sozialer Arbeit. Mir kommt es darauf an, Hinsichten in der Entwicklung des Selbstverständnisses Sozialer Arbeit herauszustellen, die erklären, weshalb sich „Sozialmanagement" mit dem Selbstverständnis Sozialer Arbeit verträgt. Daß beide Ansätze wertvolle Hilfestellungen geleistet haben, sei es um bei der Sozialen Arbeit die politische Komponente zu berücksichtigen, sei es um die professionelle Beratungskompetenz zu betonen, soll hier nicht in Abrede gestellt werden. Beide Strömungen haben die Soziale Arbeit bereichert.

[4] Veronica Coulshed (1994: 10) betont die Nützlichkeit von Managementwissen für Sozialarbeiter: „The study of management: cannot be divorced from the study of social work itself; in truth, as those who have moved into first management positions find, there are a great many direct practice skills which can be transferred to indirect practice."

[5] Eine materialreiche „Momentaufnahme" (wie die Herausgeber das Werk bescheiden nennen) zu dieser Thematik ist der Armutsbericht des DGB und des Paritätischen Wohlfahrtsverbandes.

der ökonomische Einbruch auch im Sozialbereich offensichtlich. Kennzeichen sind unter anderem: Ein drastisches Ansteigen der Arbeitslosigkeit, steigende Sozialausgaben und geringer werdende Einnahmen. Gleichzeitig vergrößert sich die Armut.[6] Aber nicht nur ökonomische Veränderungen kennzeichnen die gesellschaftliche Situation. Verändert haben sich auch die Sichtweisen der Ökonomie und deren gesellschaftliche Rezeption. Neoliberale Standpunkte und Konzepte setzten sich in den letzten 15 Jahren immer mehr durch. Es setzte zum Beispiel eine breite Diskussion über die Leistungsfähigkeit der sozialen Sicherung ein. Diese wurde auf den Prüfstand gestellt. Gefragt wurde und wird nach ihrer Effizienz und Effektivität. Dies ist zweifellos einer der wichtigsten Gründe, weshalb sich soziale Organisationen verstärkt mit betriebswirtschaftlichen Fragen befassen müssen und innerhalb der Sozialen Arbeit zunehmend Managementfragen diskutiert und erprobt werden (Gehrmann/Müller 1993: 33).[7] Ein weiterer Grund, weshalb sich die Verantwortlichen im Non-Profit-Bereich für Konzepte des Sozialmanagements interessieren (müssen), liegt in der „Neuen Steuerung".[8] Vor dem Hintergrund des absoluten Spargebots in den öffentlichen Haushalten hinsichtlich des Sozialbereichs haben die Kommunen zu Beginn der 90er Jahre begonnen, Modelle der „Neuen Steuerung" zu erproben und einzuführen. Dies deshalb, weil sie darin für sich selbst als Dienstleister wie auch gegenüber anderen Anbietern ein wirksames Instrument für Einsparungen, Ausgabendisziplin, Kostenbegrenzung usw. sahen. Budgetierung, leistungsbezogene Entgeltstrukturen, Erfolgskontrolle, mehr Wettbewerb usw. sind Prinzipien nach denen gehandelt wird und die die neuen Herausforderungen für die Soziale Arbeit kennzeichnen. Wolf Rainer Wendt (1995: 367) beschreibt die Konsequenzen für

---

[6] Siehe zum Beispiel die Studie: „Menschen im Schatten", herausgegeben vom Deutschen Caritasverband und dem Diakonischen Werk, oder auch Frankfurter Rundschau, 21.04.1998.

[7] Der Sammelband, Freie Wohlfahrtspflege im Übergang zum 21. Jahrhundert, herausgegeben von Bernd Maelicke (1998) versucht, von verschiedenen Aspekten die Entwicklungslinien der Wohlfahrtsverbände unter den aktuellen Rahmenbedingungen aufzuzeigen.

[8] Siehe dazu zum Beispiel Christoph Reichard (1995): Umdenken im Rathaus. Neue Steuerungsmodelle in der deutschen Kommunalverwaltung, sowie Matthias Möller (1997): Das „neue Steuerungsmodell": Konsequenzen für die soziale Arbeit.

die Soziale Arbeit wie folgt: „Soziale Arbeit sieht sich in den neunziger Jahren vor die Frage gestellt, was an ihr sozial bleibt – und was sie als Arbeit leistet. Erst jetzt schlägt das Management-Denken, das unter Margret Thatcher nach 1980 in den öffentlichen Dienst eingeführt wurde, auf die sozialen Dienstleistungen auch außerhalb Großbritanniens durch: Die Rede ist von Sozialmanagement..." Der Sozialen Arbeit wird eine Frage gestellt, die nichts Geringeres als ihre Identität betrifft. Sie muß sich vor einem neuen Anspruch rechtfertigen, der offenbar ihre herkömmliche Identität in Zweifel zieht. Sie steht vor der Aufgabe, ihre Leistungen unter neuen Kriterien, nämlich Kriterien der Effizienz und Effektivität, zu bewerten und deutlich zu machen, „was an ihrer Arbeit sozial bleibt". Soziale Arbeit ist zu teuer geworden, sie muß verschlankt werden lautet der Befund: „Konservative Politiker, aller couleur wollen zur Lösung der Probleme den Sozialstaat 'abspecken' und umbauen, seine Defizite beseitigen, die Effizienz steigern etc. Die aktuellen Stichworte in dieser Debatte lauten: Liberalisierung, Deregulierung, Flexibilisierung, Entbürokratisierung, Enthierarchisierung, Privatisierung, Marktorientierung, Wirtschaftlichkeit, Kostensenkung und Leistungssteigerung. Für den Aufgabenbereich und die Träger der Freien Wohlfahrtspflege bringt dieses Politikkonzept ... gravierende Veränderungen in folgenden Punkten mit sich: Veränderte Finanzierungsbedingungen für ihre Einrichtungen und Angebote durch die Konkurrenz privater Anbieter sowie die Stärkung marktwirtschaftlicher Elemente bei der Leistungserbringung durch ein stärkeres Preis- und Kostenbewußtsein. An die Stelle des 'goldenen Zügels Subsidiaritätsprinzip' mit seiner Teilhabegarantie für eine öffentliche Aufgabenwahrnehmung und Einflußnahme auf die Verteilung öffentlicher Mittel wird in Zukunft der Markt als Verteilungsinstrument treten, an dessen Funktionsweisen und Bedingungen die Wohlfahrtsverbände sich werden gewöhnen müssen" (Schwarz 1997: 38).

Tatsache ist, daß seit Ende der 80er Jahre, Anfang der 90er Jahre die öffentlichen Kassen äußerst strapaziert sind und seitens der politisch Verantwortlichen der Beschluß gefaßt wurde, zu sparen. Knappere finanziell ausgestattete Kassen begründeten das Urteil, Soziale Arbeit sei zu teuer. Hier ist festzuhalten, daß dies kein Urteil über die Qualität sozialarbeiterischer Maßnahmen ist, sondern ein Urteil über deren Kosten.[9] Nicht nur finanzielle Hilfen wurden von den Kostenträgern neu definiert und anders bewertet. Auch gesetzliche Vorschriften wurden geändert und entfalten ihre Wirkung.[10] Ohne auf die zahlreichen Änderungen rechtlicher Art in den verschiedenen Bereichen etwa im Leistungsbereich (SGB V/XI) oder im Sozialbereich (SGB VII und BSHG) im einzelnen eingehen zu wollen, haben sie alle mehr oder weniger gravierende Folgen für die frei-gemeinnützigen Träger: Wirschaftlichkeits- und Wettbewerbsgebote in der neueren sozialrechtlichen Gesetzgebung transformieren das System der dualen Wohlfahrtspflege zu einem Wohlfahrtspluralismus. Die Änderung des Rechtsstatus der frei-gemeinnützigen Träger, so zum Beispiel die (teilweise) Rücknahme des bedingten Vorrangs und die Zulassung von Konkurrenten, hat nachhaltige Auswirkungen auf die Bedingungen, unter denen sie die Dienstleistungen erbringen. Es entsteht ein Wettbewerb, kurz, die freien gemeinnützigen Einrichtungen sind herausgefordert, den „Übergang von einer traditionellen Sozialeinrichtung zu einem betriebswirtschaftlich und marktorientierten Sozialbetrieb" (Decker 1997: 19) zu vollziehen. Die Symptome des Umbruchs, denen sich soziale Einrichtungen gegenüber sahen, beschreibt Peter Schwarz (1992: 15) wie folgt: „Immer deutlicher werden die Symptome des Umbruchs, vor allem im Bereich vom Management und Führen:

• Die öffentlichen Mittel fließen spärlicher.
• Die Kassen bzw. Leistungsträger verhandeln härter. Die Selbstbeteiligung der Leistungsträger wird stärker gefordert.
• Finanzierbarkeit wird schwieriger.
• Der Wettbewerb wird härter.
• Kosten steigen – Kostendenken wird notwendig.
• Steuergesetzgebung greift immer mehr ein.
• Öffentlichkeitsarbeit und öffentliche Motivation müssen ausgebaut werden.
• Personalabbau auf der einen Seite wird zu einer drückenden Frage. Berechtigte Arbeitszeitverkürzung und Lohnerhöhungen verschärfen die Situation.

---

[9] Beispielhaft sei hier Ulrich Rödel (1998: 70) zitiert: „The three developements I have sketched are indicators for a crisis of the welfare state as we know it. The labour market, employment – related public insurance systems, welfare payments at subsistence level and professionalized and bureaucratic care for the poor and the marginalized are evidently no longer able effectively to solve the problems of social exclusion and social disintegration."
[10] Siehe unter anderen Norbert Wohlfahrt (1997: 107-125).

- Andererseits wird der Mangel an qualifizierten Mitarbeitern größer. Gute Mitarbeiter steigen aus.
- Innere Kündigung und Motivationsdefizite verringern unsere Leistung und Wettbewerbsfähigkeit. Konflikte werden immer zahlreicher. Uns fehlt die Fähigkeit, damit zu leben.
- Führungskräfte leiden unter der Last, im Bereich von Managementführung nicht genügend qualifiziert zu sein.
- Arbeitsrechtliche Schwierigkeiten, Arbeitsprozesse binden sehr viel Energie, werden mit großem Kostenaufwand und oft geringem Sachverstand abgewickelt.
- Wirkungsvoller Umgang mit Kollegen, Patienten, Ärzten, Vorständen, Gesprächsfähigkeit erhalten immer größere Bedeutung.
- Auch Einsatzführung und Organisation leiden immer mehr unter den Mängeln in Management und Führung."

Aus dieser losen Liste von Anforderungen, mit denen sich die Soziale Arbeit befassen muß, wird deutlich, wie obsolet der Vorwurf ist, sie sei nicht gerüstet bzw. nicht vorbereitet gewesen auf diese Veränderungen. Gerade die vielfältigen und tiefgreifend veränderten Rahmenbedingungen lassen vorschnelle und unreflektierte Lösungen nicht zu. Deswegen ist es auch gar nicht verwunderlich, daß sich Entwicklungslinien und Tendenzen für ein zukünftiges Modell Sozialer Arbeit momentan noch schemenhaft zeigen.[11] Die Soziale Arbeit probiert viele Wege und die Bezugnahme auf die neue Situation muß auch ein Reflexionsprozeß sein. Wäre dies anders und wird eine übersteigerte Selbstkritik zum Ausgangspunkt der Überlegungen, der Suche nach neuen Wegen, begibt sie sich ihrer Eigenständigkeit und ihrer Verantwortung gegenüber den Klienten. Der Standpunkt des Sich-Verteidigen-Wollens und -Müssens vor dem Hintergrund der beschriebenen veränderten Rahmenbedingungen begünstigt die unmittelbare Akkomodation an vorgegebene Bedingungen und Verhältnisse und verhindert die Chance, vom Standpunkt einer sozialen Arbeit angemessene Lösungen zu finden und zu entwickeln (Bader 1994: 40f.). Die These, Sozialmanagement sei ein Reflex auf objektive gesellschaftliche Bedingungen, unterstellt die Be-

---

[11] Zum Stand der Verbändeforschung unter den neuen Rahmenbedingungen liefert Wolfgang Klug (1997) umfassendes Material und entwickelt außerdem mögliche Tendenzen und Entwicklungslinien.

hauptung, daß Sozialmanagement geeignetes Mittel sei die anstehenden Probleme auch lösen zu können. Um das beurteilen zu können, ist es notwendig zu klären, was darunter verstanden wird. Bevor wir uns der Analyse von Sozialmanagement zuwenden, gebe ich noch einige Hinweise zum Gestus der Diskussion. Es scheint mir notwendig, einige Voraussetzungen zu klären unter denen eine Auseinandersetzung mit Sozialmanagement einzig fruchtbar sein kann.

2. Wider den Vorwurf mangelnder Professionalität

Sichtet man die vorhandene Literatur nicht nur zum Thema Sozialmanagement, so trifft man immer wieder auf ein Argument: Die Soziale Arbeit befinde sich in einer Legitimationskrise.[12] Argumentiert wird folgendermaßen: Sie habe jahrelang gesellschaftspolitische und ökonomische Entwicklungen vernachlässigt, habe Identitätsprobleme, die objektiv bestehenden Defizite hätten sogar zu Blockaden gegenüber einer professionellen Bearbeitung der Aufgabengebiete geführt usf. Der Vorwurf die Vertreter von Theorie und Praxis Sozialer Arbeit hätten sich in den vergangenen Jahren zu wenig um gesellschaftliche Entwicklungen gekümmert ist schon eigenartig. Denn erstens engagiert sich Soziale Arbeit in gesellschaftspolitischer Hinsicht mit all ihrem Tun, schließlich ist sie permanent mit Problemen gesellschaftlicher Natur befaßt. Zweitens fragt man sich, warum sich Soziale Arbeit darüber hinaus global um gesellschaftliche (gedacht ist ja wohl an ökonomische) Entwicklungen kümmern soll? Ist es nicht ihre erste Aufgabe, Dienstleistungen für Menschen, die in Not geraten sind, zu erbringen? Die gesellschaftlichen Bedingungen sind ihr dabei zunächst einmal vorausgesetzt. Und diese gesellschaftlichen Bedingungen waren bis Ende der achtziger Jahre für die Einrichtungen frei-gemeinnütziger Träger relativ stabil: Die soziale Sicherung ist nach dem Subsidiaritätsprinzip strukturiert und organisiert und die Bedingungen und Modalitäten der Förderung und Unterstützung der frei-gemeinnützigen Träger durch die öffentlichen Träger waren eindeutig und klar festgelegt.[13] Erst Ende der achtziger Jahre begann die Krise des Sozialstaates auch die Arbeitsbedingungen der frei-gemeinnützigen Träger prinzipiell zu tangieren. Sachße beschreibt prägnant und anschaulich bezüglich des Engagements die aktive Rolle frei gemeinnütziger Einrichtungen bei der Herausbildung und Gestaltung freier Wohlfahrtspflege. Er hält weiter fest, daß heute ein „neuerlicher Anpassungsdruck" (Sachße 1995: 23ff) entstanden ist, den

---

[12] Siehe dazu zum Beispiel Müller/Gehrmann (1993: 11-31).

[13] Die Zusammenhänge dieses Verhältnisses beschreibt Maas (1985): Sozialarbeit und Sozialverwaltung.

er als tiefgreifenden Umbruch charakterisiert. Der Vorwurf der Unprofessionalität an die Soziale Arbeit, weil sie sich nicht um gesellschaftliche Veränderungen gekümmert hätte, ist deshalb unhaltbar. Drittens aber wird mit diesem Vorwurf gar nicht die Arbeit, die im Sozialbereich geleistet wurde und wird, beurteilt: Die Dienstleistungen, die frei-gemeinnützige Träger erbringen, werden hier mit Beurteilungskriterien konfrontiert, die gar nicht die ihren sind. Nicht die Arbeit wird beurteilt, sondern die gesellschaftlichen Bedingungen innerhalb deren diese geleistet wird. Und viertens ist es alles andere als schlüssig, wenn behauptet wird, Soziale Arbeit habe sich in der Vergangenheit (nicht rechtzeitig!) um die heute vorhandenen und entstandenen Probleme nicht gekümmert. Es ist aus meiner Sicht gerade umgekehrt: Schon eher werfen die veränderten Bedingungen Probleme auf, denen Soziale Arbeit sich „anpassen" muß. Während in den siebziger Jahren auf die sozialen Probleme mit einer Ausweitung von Angeboten, Diensten und Einrichtungen reagiert werden konnte,[14] zeigt sich Ende der 80er Jahre, daß zunehmend weniger Ressourcen zur Verfügung stehen, denen wachsende Probleme und Handlungsbedarf seitens der Sozialen Arbeit gegenüberstehen. Dies ist das Verhältnis und der Hintergrund, auf dem der Druck auf soziale Einrichtungen stieg und steigt (siehe Teil I, Abschnitt 1.2.). Wenn auf dieser Grundlage allenthalben Mängel und Versäumnisse ausgemacht werden, so ist dieses ein ex post Urteil. Die Schuldzuweisungen an die Adresse der frei gemeinnützigen Träger stellen den Sachverhalt auf den Kopf.

Kein Zweifel, die Soziale Arbeit in den Einrichtungen war und ist teilweise den neuen Bedingungen erst einmal nicht bzw. nur mangelhaft gewachsen. Dies berechtigt jedoch nicht dazu, ihr Inkompetenz vorzuwerfen. Im Gegenteil, Soziale Arbeit hat sich in den vergangenen Jahrzehnten weiterqualifiziert und professionalisiert – wie gesehen.[15] Daß heute neue, andere Qualifikationen angesichts der Herausforderungen notwendig sind, bedeutet nicht, daß die vorhandenen ausgebildeten keine Qualifikationen darstellen, sondern heißt nur, daß diese nicht mehr alleine tragen. Im übrigen ist man theoretisch wie praktisch längst damit befaßt, neue Wege zu gehen, wie zum Beispiel das rege Interesse an

---

[14] Rudolf Bauer diagnostiziert schon im Jahre 1976 die „ Krise des Steuerstaates" (Bauer 1978: 50ff.).

[15] Siehe dazu auch Wolf Rainer Wendt (1995): Geschichte der sozialen Arbeit.

Fort- und Weiterbildung zeigt (siehe Teil II). Aus meiner Sicht ist es entscheidend, aus welcher Position heraus die neuen Probleme diskutiert und angegangen werden. Argumentieren die mit Sozialer Arbeit theoretisch und praktisch Befaßten aus einer Defensivposition – und das ist gegeben, wenn die beschriebene, übersteigerte Sorte Selbstkritik den Ausgangspunkt der Überlegungen bildet – so verstellt das den notwendigen distanziert hinterfragenden Blick auf die Frage, was zu tun sei. Ein freies, unvoreingenommenes Urteil ist aber bei der neuen Standortbestimmung und Verortung notwendig, will Soziale Arbeit die an sie gestellten Herausforderungen produktiv und kompatibel gestalten und dabei ihre Zwecke und das was sie auszeichnet im Auge behalten. Gerade bei der Diskussion um Management ist sie gefordert, eigene Antworten zu finden. Und nicht nur das, Management ist eine Gestaltungsaufgabe die somit ein gehöriges Maß an Kreativität verlangt. Solche Potenzen zu entfalten ist schwierig, wenn soziale Theorie aus einer Position der Verteidigung argumentiert und die anstehenden Aufgaben beurteilt.

Daß Mängel und Unzulänglichkeiten in den sozialen Einrichtungen diagnostiziert werden können und konnten,[16] soll nicht bestritten werden. Diese sind aber anderer Natur haben andere Gründe und haben vor allem nichts mit der hier zur Diskussion stehenden Sachlage zu tun. So wenig bestritten werden soll, daß in den Einrichtungen ein Mangel an ökonomischer, betriebswirtschaftlicher und Management-Kompetenz feststellbar ist, so wenig kann das Fehlen dieser Kompetenzen in einen Mangel an Professionalität der Mitarbeiter übersetzt und umgemünzt werden. Daß die Mitarbeiter in den Einrichtungen bis vor wenigen Jahren nicht nach wirtschaftlichen Grundsätzen, wie sie heute verlangt werden, denken und handeln mußten, hat nichts mit dem Fehlen von Professionalität zu tun, sondern hing mit den anderen Rahmenbedingungen und der anderen Art der Finanzierung zusammen.

Das Selbstkostendeckungsprinzip gebiert eben andere Mentalitäten als die Outputsteuerung, die über Leistungsverträge und -entgelte „homines oeconomici" hervorbringt.

Zum Vorwurf die Soziale Arbeit habe Identitätsprobleme: Mag sein, daß das Profil des Sozialarbeiterberufs recht unscharf entwickelt war

---

[16] Wolfgang Seibel (1994) weist in seinem Buch „Funktionaler Dilettantismus" strukturelle Mängel im dritten Sektor nach.

und teilweise auch noch ist. Norbert Groddeck beschreibt die gegenwärtige Situation der Sozialarbeit/Sozialpädagogik bezogen auf diese Frage folgendermaßen: „Einerseits eine deutliche Expansion des Sozialwesens ..., eine ansteigende Nachfrage nach fachlicher Qualifikation ... und eine sehr hohe Qualifizierungsmotivation der sozialpädagogischen/sozialarbeiterischen Berufsgruppen ... im Fort- und Weiterbildungsbereich, und andererseits ein gering entwickeltes fachliches Selbstbewußtsein als Profession." (Groddeck 1994: 26). Die mangelhafte Selbstdarstellung, das Fehlen einer Organisation bzw. der eher geringe gewerkschaftliche Organisationsgrad, das damit verbundene Nicht-Vorhandensein einer Lobby, die fehlende Artikulation der Standesinteressen – all dies berührt das Ansehen des Berufs in der öffentlichen Meinung, hat letztlich sogar Einfluß auf die Höhe des Entgelts für die geleisteten Dienste, kurz: alle diese Defizite betreffen den Berufsstand der Sozialarbeiter. So wichtig und notwendig die Bildung einer Standesorganisation mit Gewicht ist, so wenig überzeugend ist dieser Umstand als Argument einer Begründung für eine Legitimationskrise der Sozialen Arbeit. Eine fundierte professionelle Öffentlichkeitsarbeit könnte da sicherlich Abhilfe schaffen.

Dennoch ist in einem anderen Sinne aber die Sprachlosigkeit Sozialer Arbeit, der Verzicht auf Selbstdarstellung unangemessen und hinderlich für ihre Anliegen. Die Zögernis der Leistungsträger Sozialer Arbeit, ihre Leistungen, ihre Potenzen, aber auch ihre Grenzen öffentlich darzustellen, steht in eigenartigem Kontrast zu dem immensen Anteil an gesellschaftlich notwendiger und nützlicher Dienstleistung. Die Sozialbranche ist, volkswirtschaftlich betrachtet, eine der bedeutendsten Branchen. Die nachfolgende Leistungsbilanz verdeutlicht das: Die Wohlfahrtsverbände bzw. die unter ihrem Dach tätigen Mitgliedsorganisationen versorgen täglich über drei Millionen Menschen. Sie unterhalten im gesamten Bundesgebiet 91.204 Einrichtungen mit über 3.234.339 Betten/Plätzen. Dazu kommen noch 34.914 Selbsthilfegruppen, die ihnen angeschlossen sind. 1.121.043 hauptamtliche Mitarbeiter, davon ein Drittel in Teilzeit, arbeiten in ihren Einrichtungen. Damit sind rund 3 Prozent aller Erwerbstätigen in der Bundesrepublik bei der frei-gemeinnützigen Wohlfahrtspflege beschäftigt. Dazu kommen 2,5 bis 3 Millionen Menschen, die sich ehrenamtlich engagieren. Die Tendenz ist steigend. Seit 1993 hat sich die Zahl der Einrichtungen bundesweit um 13 Prozent erhöht, die Anzahl der Beschäftigten ist um 20

Prozent gestiegen (wobei die Zahl der Teilzeitbeschäftigten mit 34 Prozent überproportional zugenommen hat). Mithin ist die frei-gemeinnützige Wohlfahrtspflege größter Anbieter im sozialen Dienstleistungssektor und somit tragende Säule des Sozialstaates. Mit einem Anteil von 62 Prozent aller Alten- und Behindertenheime, mit 47 Prozent aller Angebote in der Jugendhilfe gestalten sie die soziale Sicherung federführend mit (Bundesarbeitsgemeinschaft der Freien Wohlfahrtspflege e.V. 1997, Stand 01.01.1996). Das Zahlenmaterial macht deutlich und begründet einen Nachholbedarf im Hinblick auf die Selbstdarstellung. Ein Reflexionsbedarf besteht mithin für Theoretiker und Praktiker der Sozialen Arbeit darin, die Probleme als das zu diskutieren und aufzufassen, was sie sind. Wenn Soziale Arbeit die wachsenden Probleme vornehmlich selbstbezogen als Probleme der Profession begreift und diskutiert, dann bleibt der Blick für eine realistische Analyse verstellt und damit die Chance auch unter neuen härteren Bedingungen eine qualitätsvolle Arbeit zu leisten. Nur wenn die Möglichkeiten aber auch die Grenzen der eigenen Leistungsfähigkeit realistisch ausgelotet werden – auch die Grenzen der Leistungsfähigkeit angesichts der zur Verfügung stehenden Mittel –, ist eine realistische Beschreibung des Dienstleistungsangebotes möglich. Nur eine objektive Einschätzung der neuen Rahmenbedingungen sowie der eigenen Stellung innerhalb derselben, die auf dieser Grundlage machbaren Möglichkeiten, die Beachtung der vorhandenen Mittel und Ressourcen ermöglicht eine sinnvolle Praxis. Soziale Arbeit sollte sich zu Wort melden und in ihrem Interesse auf mehr Einfluß dringen. Auch dies wäre eine Effektivierung und Effizienzsteigerung der Arbeit und würde die Problematik des „Legitimationsdrucks" bzw. ihrer„ Krise" vielleicht ein bißchen entschärfen.

3. Der Begriff „Sozialmanagement"

3.1. MANAGEMENT

Der Begriff „Sozialmanagement" ist eine moderne Kategorie. Das Management hingegen, der zweite Bestandteil des Begriffs „Sozialmanagement" hat eine lange Geschichte. Die Lehre des Managements ist zeitgleich mit der Industrialisierung und der damit entstehenden Marktwirtschaft erarbeitet und seither fortwährend weiterentwickelt worden.[17] Das anglo-amerikanische Wort „management" bzw. das Verb „to manage" ist im deutschen Sprachgebrauch deshalb auch längst eingeführt und adaptiert. Sprachgeschichtlich gesehen leitet sich „to manage" aus der italienischen Sprache ab, die wiederum ihre Wurzeln in der lateinischen Sprache hat: „manus" – die Hand, und „agere" – führen. Management bedeutet also „an der Hand führen". Diese Bedeutung findet sich im italienischen „maneggiare", was ursprünglich bedeutete: ein Pferd in allen Gangarten üben, es veranlassen, die Übung in der Reitbahn („manege") auszuführen. Zingarelli (1994: 1045) gibt dafür die folgenden drei Bedeutungen an: „trattare con le mani", „tenere tra le mani per scopi vari", also: etwas mit den Händen entwickeln, etwas in den Händen halten. Die zweite Bedeutung lautet: „saper usare q.c. con particolare capacita o abilta", also: etwas mit Geschicklichkeit und Fähigkeit zu gebrauchen wissen. Als dritte Bedeutung findet sich: „amministrare", also: große Summen Geld zu verwalten. Im Englischen ist die erste Wortbedeutung „to oversee and make decisions about", also: den Überblick haben und entscheiden. Die zweite Wortbedeutung wird beschrieben mit „to make and keep compliant (skill in managing problem children)", also: willfährig machen und willfährig halten. Als dritte Bedeutung findet sich: „to treat with care: use the best advantage", also: etwas vorteilhaft nutzen (Webster's 1996: 607). Gebraucht werden Managementkonzepte und -Ansätze vornehmlich im Kontext betriebswirtschaftlicher Zusammenhänge. Mit diesem Begriff

---

[17] Die Entstehung von Management-Konzepten und -Ansätzen und die Managementlehre werden in dem Buch von Horst Steinemann und Georg Schreyögg (1997: 27-65) behandelt. Ein Überblick über heute gebräuchliche Management-Konzepte findet sich unter anderem in Schwarz (1994: 9-44).

bezeichnet man allgemein die Leitung eines Unternehmens. Management-Tätigkeiten nehmen alle diejenigen wahr, die leitende Aufgaben innerhalb eines Unternehmens inne haben. Die zu diesen Kreis Gehörenden vertreten das Interesse des Unternehmens. Manager sind diejenigen Führungskräfte, die in den oberen Hierarchieebenen positioniert sind. Die Tätigkeit des Managens beinhaltet alle Aufgaben, die sich aus der Leitung eines Unternehmens ergeben. Dies betrifft beispielsweise die Bereiche „Personalwesen", „Verwaltung", „Finanzierung", „Beschaffung", „Absatz", „Planung" und „Steuerung". Heute existiert eine Arbeitsteilung zwischen dem oberen und mittleren Management. Das obere Management konzentriert sich auf die Entwicklung und Gestaltung von Zukunftsperspektiven sowie auf die Führungsarbeit. Das mittlere Management übernimmt schwerpunktmäßig die Leitung des täglichen betrieblichen Geschehens (Gabler 1992: 2179).[18]

David Farnham und Sylvia Horton (1996: 25) beschäftigen sich an der Universität in Portsmouth mit den Besonderheiten und Unterschieden von Management im öffentlichen und privaten Sektor. Sie geben folgende Begriffsbestimmung: „One view is that the term 'management' refers to a rational approach to organisational decision-making, which is traditionally associated with the private sector. Managers are seen as the agents for achieving organisational goals, and corporate growth, with the most efficient use of resources".

Wolfgang Staehle (1980: 33) zitiert nach: Franz Decker (1997: 60-61) gibt folgende Bestimmungen Management betreffend:

„Funktionen

Managementfunktionen sind Planung, Organisation, Personalausstattung, Leitung, Führung, und Kontrolle (Koontz/O'Donnell 1976).

Management sind Funktionen, die Manager ausüben, wie Entscheiden, Organisieren, Planen, Kontrollieren, Führen (Haynes/Massie,Wallace 1975).

Management ist verantwortungsvolle Kombination von vier wesentlichen Elementen: Planung, Motivation, Koordination, Kontrolle (Brech 1963).

---

[18] Steinmann/Schreyögg (1997: 5f.) unterscheiden zwei unterschiedliche Begriffsbildungen: „Management wird einerseits als Institution verstanden und andererseits – davon deutlich unterschieden – als Komplex von Aufgaben, die zur Steuerung eines Systems erfüllt werden müssen."

Ziele

Management heißt Planung, Organisation, Leitung und Kontrolle der Aktivitäten eines Unternehmens im Hinblick auf eine effiziente und ökonomische Zielerreichung (Rogers 1975).

Management ist ein eindeutig identifizierbarer Prozeß, bestehend aus den Phasen Planung, Organisation, Durchführung, Kontrolle, der über den Einsatz von Menschen zur Formulierung und Erreichung von Zielen führt (Terry 1977)

Ressourcen

Management ist ein Prozeß, bei dem Menschen in Organisationen versuchen, durch effiziente Nutzung von Ressourcen bestimmte Ziele zu erreichen (Toss/Carroll 1976).

Management ist eine Aktivität, die bestimmte Funktionen der effizienten Beschaffung, Allokation und Nutzung menschlicher Leistungen und physikalischer Ressourcen zur Erreichung von Zielen beinhaltet (Wren 1972).

Systeme

Management ist ein Prozeß, innerhalb dessen die Elemente eines Systems integriert, koordiniert und genutzt werden mit dem Zweck, die Ziele der Organisation möglichst effektiv und effizient zu erreichen. Grundlegende Elemente des Managementprozesses sind: Planung, Organisation, Personalausstattung, Leitung und Kontrolle (Carlisle 1976) Management ist ein Prozeß, mit dessen Hilfe bislang untergeordnete Ressourcen (Menschen, Maschinen, Material, Kapital, Zeit, Raum,) zur Zielerreichung in ein System integriert werden. Es ist die wichtigste Kraft in Organisationen, um die Aktivitäten der Subsysteme zu koordinieren und mit der Umwelt in Beziehung zu bringen (Kast/Rosenzweig 1974)."

Liest man die vorgestellten Definitionen von Management, so läßt sich dieses Konzept reibungslos und ohne Umstände in den Sozialbereich übernehmen und in der sozialen Praxis anwenden. Jede Organisation muß Planen, Organisieren, Leiten, Kontrollieren. Vergessen werden sollte bei diesen Definitionen nicht, daß Management genuin aus dem privatwirtschaftlichen Bereich, dem Profit-Bereich, stammt. In diesem Bereich geht es um erwerbswirtschaftliche Zwecke. Für diese Zwecke ist Management ein Mittel zur Zielerreichung. Nach diesen Kriterien und Maßgaben wurde die Management-Lehre erarbeitet und danach richtet sich die Management-Tätigkeit praktisch.[19]

Denn Management ist eine Tätigkeit, die leitet, plant, organisiert, führt und kontrolliert mit dem eindeutigen Ziel und der Vorgabe, den Gewinn eines Unternehmens zu steigern. Effizienz ist dabei oberstes Kriterium des Handelns und der Entscheidungen. Management ist ein in der Wirtschaft geltendes Prinzip und zielt darauf ab bei gegebenen Ressourcen mit den geringsten Kosten und dem geringsten Zeitaufwand zum richtigen Zeitpunkt die besten Ergebnisse für ein Unternehmen zu erzielen. Deshalb kann die Management-Lehre und die Management-Praxis keineswegs unmittelbar adaptiert werden: „Die Ungereimtheiten jeder direkten, maßstäblichen Übertragung von industriellen Managementkonzepten auf einen nicht marktförmig organisierten Bereich ohne eindeutige ökonomische Erfolgskriterien sind kaum zu übersehen" (Brülle/Altschiller 1992: 55).

3.2. SOZIALMANAGEMENT

Die Besonderheit, die der Begriff „Sozialmanagement" unmittelbar kenntlich macht, nämlich Prinzipien, die im Profit-Bereich gelten, in den Sozialbereich einzuführen, ist ein Grund, weshalb die Diskussion über Sozialmanagement auch kontrovers geführt wird: „Die Begriffe Management und Jugendhilfe so in einer Zeile verwendet und dann noch mit Fortbildung und Beratung in Verbindung gebracht, das muß provokant erscheinen. Fortbildung und Beratung haben ein eher zurückhaltendes Image, dienen sie doch der 'eigentlichen' Arbeit, indem sie diese unterstützen. Seltener werden sie in einen Kontext, außer in den eines Berufsfeldes, gestellt. In Verbindung mit der Jugendhilfe wäre noch alles in Ordnung, wenn nicht dieser unsägliche Begriff Management in diesem Zusammenhang auftauchen würde, der ausgerechnet aus dem Bereich des „Erbfeindes" des Sozialwesens, der profitorientierten Wirtschaft kommt!" (Wöhrle 1992: 7).

Gegen eine Einführung von Sozialmanagement-Konzepten in der Ausbildung wendet sich beispielsweise Susanne Tschee-Lazari: „Die Sozialarbeit ist tot. Es lebe das Sozialmanagement! Unter den StudentInnen

---

[19] Beate Finis Siegler (1997: 38-49) beschreibt in ihrem Buch „Ökonomik Sozialer Arbeit", die Unterschiede von Profit- und Nonprofit-Unternehmen hinsichtlich ihrer Dienstleistungsproduktion.

der Fachhochschulen für Sozialarbeit/Sozialpädagogik macht sich die Tendenz zur 'angenehmen' Sozialarbeit breit. Sauber und interessant soll der Job sein, bloß keine schwierigen Randgruppen wie Obdachlose oder Prostituierte, bei denen dann die Gefahr besteht, mit dem Klientel gleichgesetzt zu werden. Dann schon lieber ein Aufstieg zum neuen SozialarbeiterIn der A-Klasse ... Ist es nicht absehbar, daß hier wieder die Basissozialarbeit einen neuerlichen Schlag in ihrem Selbstwertgefühl versetzt bekommt? Ich denke, wir brauchen keine Klassensysteme in der Sozialarbeit ..." (Tschee-Lazari 1990: 140). So wichtig der Hinweis und die Sorge um die Ausgrenzung und Vernachlässigung bestimmter Arbeitsfelder der Sozialen Arbeit ist, er ist dennoch aus meiner Sicht kein Argument gegen Sozialmanagement. Der Grund weswegen Tschee-Lazari Sozialmanagement-Konzepte ablehnt, ist die Stellung zu und der Umgang seitens der (angehenden) Sozialarbeiter mit Sozialmanagement. Dieser Einwand zeigt nicht an „Sozialmanagement" selbst auf, weswegen es für die Soziale Arbeit unangemessen, ja schädlich sein soll, sich mit derartigen Ansätzen auseinander zu setzen.

Peter Eberl merkt kritisch an: „Stellt Management auf der einen Seite die Antwort auf den zunehmenden öffentlichen Legitimationsdruck dar, wird es auf der anderen Seite als Versuch betrachtet, auch soziales Engagement (den letzten 'profitfreien Raum' der Gesellschaft) einer kapitalistischen Wirtschaftsordnung zu unterwerfen" (Eberl 1996: 52).[20] Und in der Tat, die Frage danach, ob „Sozialmanagement" nicht ein Widerspruch zum Zweck Sozialer Arbeit ist, liegt nahe: „In der Sozialarbeit weht durch ein Sozialmanagement ein anderer Wind. Ob er den Sozialarbeitern von vorne ins Gesicht bläst, hängt von der Umsetzung der Idee des Sozialmanagements ab. Fest steht zunächst, daß sich in den Begriffen „Sozial" und „Management" ein Gegensatz erkennen läßt" (Klahre1994: 38f.). Management ist ein Prinzip aus dem Profit-Bereich in dem es um erwerbswirtschaftliche Zwecke geht. Prima facie betrachtet könnte man sagen: Die Einführung von Management-Konzepten in den Sozialbereich ist ein Widerspruch zu dem, was Soziale Arbeit intendiert: die Herstellung besserer Lebensbedingungen benachteiligter Bürger, die verminderte sozio-ökonomische Lebenschancen haben und

---

[20] Weitere kritische Argumente finden sich auch zum Beispiel bei Gaby Flösser/Hans-Uwe Otto (1992: 14ff.), Wolfgang Weigand (1994:124), Franz Stoffer (1995: 64f.) und Marianne Schmidt-Grunert (1997: 2-8).

Risiken ausgesetzt sind, die sich in Arbeitslosigkeit, Wohnungsnot, Einkommensarmut usw. zeigen. Die Zielsetzung von unternehmerischem Management ist so gesehen jeder Sozialarbeit wesensfremd. So gesehen wäre die Beschäftigung mit Managementfragen, -techniken und -methoden zu verwerfen. Dies wäre dennoch aus meiner Sicht vorschnell geurteilt. Denn der erste Bestandteil des Gegenstandes, um den es geht, deutet die Zielsetzung an, das heißt die Prämisse, unter der gemanagt werden soll. Das Soziale ist das Proprium, das Soziale Arbeit eignet und an dem sich die managende Tätigkeit zu orientieren hat. Und auf diesem Hintergrund müssen die Konzepte und Prinzipien von Management gesehen, entwickelt und angewendet werden. Deshalb kann zum Beispiel effektivere Soziale Arbeit nicht heißen: Reduktion der Kosten durch ein vermindertes Leistungsangebot. Was also heißt dann effektive Soziale Arbeit? Aus dem Gesagten geht hervor, daß eine Ressourcenmobilisierung intendiert ist, die in einem Leistungsangebot resultiert, das den auflaufenden Problemen angemessener ist. Und das kann sogar ein Steigen der Kosten beinhalten. Andererseits wird soziale Arbeit nicht dadurch unsozial, daß sie effizient und effektiv organisiert, geplant wird und versucht neue Wege zu gehen. Um also die Tauglichkeit von Management für Soziale Arbeit zu beurteilen, ist zu analysieren, was wie gemanagt wird.

Bevor die Betrachtung dieser Frage erfolgt, sollen ein paar Definitionen aus der Literatur vorgestellt und gewürdigt werden. Festzustellen ist, daß es keine eindeutige Klärung des Begriffs gibt, sondern verschiedene Ansätze, die jeweils Unterschiedliches betonen. Im Folgenden stelle ich aus der Vielzahl einige vor:

Albrecht Müller-Schöll und Manfred Priepke (1992: 8-9) definieren Sozialmanagement, indem sie den Begriff von Management unterscheiden:

„Wie unterscheidet sich denn nun Sozialmanagement vom üblichen (Wirtschafts-, Militär-, Verwaltungs-) Management?

1. Die Effizienz (mit geringstem Mittelaufwand größtmögliche Zielerreichung, wie zum Beispiel Gewinnmaximierung, rasche Kriegszielerreichung usw.) kann für Sozialmanagement unseres Erachtens kein Maßstab für die Organisation sein, schon gar nicht der oberste Maßstab.

Für Sozialmanagement ist gemäß Artikel 1GG in Verbindung mit der Zielsetzung des BSHG, des JWG, des JGG und des StVollzG oberster Maßstab die Antwort auf die Frage: Was dient der Persönlichkeitsentfaltung des Klienten unter Berücksichtigung des demokratischen Rechts- und Sozialstaatsprinzips am meisten?

2. Hieraus ergibt sich, daß vor allem im Bereich der Entscheidungsanalysen die anzulegenden Bewertungsmaßstäbe eine andere (ziel-, problem- und bedürfnisbezogene) Qualität haben, als dies im übrigen Management der Fall ist.

3. Aus dem unter 1. Definierten ergibt sich aber auch, daß im gesamten Entscheidungsbereich von sozialen Organisationen Beteiligung aller Hierarchiestufen – und wenn nur irgend möglich – des Klientels sowie Transparenz und Nachvollziehbarkeit zu entwickeln und zu verwirklichen sind."

Bemerkenswert bei dieser Definition ist, daß die Autoren von vornherein Sozialmanagement nur mit Beteiligung aller im sozialen Dienstleistungsprozeß denken. Und daß sie zweitens dem Kriterium der Effizienz einen klaren Stellenwert zuweisen und eindeutige Vorgaben machen: Effizienz dürfe nicht gegen das volkswirtschaftliche Diktum verstoßen, mit gegebenem Aufwand den besten Ertrag zu erzielen. Der Standpunkt, mit geringstem Aufwand den größtmöglichen Nutzen zu erreichen, was auf ein Wirtschaften mit weniger Ressourcen und vorgegebenem Ertrag und damit auf ein Wirtschaften des Mangels und der Einsparung auf Kosten der Qualität hinausliefe, wird von ihnen verworfen. Und weiter führen sie aus, daß Effizienz nicht die oberste Leitlinie einer Organisation sein dürfe. Daß Effizienz vorkommen soll, ist damit nicht ausgeschlossen. Sie haben benannt, in welcher Hinsicht es für soziale Einrichtungen nicht anzuwenden sei. Positiv könnte man folgern, daß eine Effizienz vorstellbar sei, die bei gegebenem Mittelaufwand eine optimale Zielerreichung intendiert. Effizienz bedeutet in diesem Zusammenhang das Verhältnis von Mitteln, die zur Erreichung eines Ziels eingesetzt werden und dem damit erlangten Wirkungsgrad. Isoliert man die Gesichtspunkte Effizienz und Effektivität aus dem sozialen Dienstleistungsprozeß und unterzieht Soziale Arbeit einer Analyse nach diesen Kriterien, eröffnen sich neue Möglichkeiten zur Lösung sozialer Problemstellungen, kann eine Erhöhung der Leistungsfähigkeit einer sozialen Organisation erfolgen. Und an anderer Stelle formuliert Müller-Schöll die Maxime: „Das Konzept des Sozialmanagements bezieht sich auf Institutionen im sozialen Feld und versucht gerade deshalb, eine eigene Theorie und Praxis eines sozial verantwortlichen, d.h. an der Ethik sozialer Arbeit orientierten Managements zu entwickeln."

(1992: 139). Müller-Schöll war die Problematik der Adaption von Management klar, wenn er auf die Notwendigkeit der Entwicklung einer eigenen Theorie des Managements dringt.

Franz Stoffer (1995: 66) faßt Sozialmanagement vornehmlich als Förderung der Mitarbeiter auf: „Management in sozialen Einrichtungen kann daher nur 'soziales Management' sein – das ist die Kunst, Prozesse anzuregen und zu begleiten, zu moderieren, Mitarbeiter bei ihrer Arbeit zu fördern und zu unterstützen."

Joachim Merchel (1992: 77) betont den ökonomisch-betriebswirtschaftlichen Aspekt und weist auf die Problematik der Adaption hin: „Sozialmanagement meint eine stärkere Verankerung zielorientierten und ökonomischen Denkens in der sozialen Arbeit und sucht nach einer Übertragbarkeit bzw. nach einer arbeitsfeldangemessenen Übersetzung von in Wirtschaftsbetrieben erprobten Management-Methoden."

Bernd Maelicke und Brigitte Reinbold (1992: 42) haben die Gesamtentwicklung einer Einrichtung im Visier und leiten daraus die Sichtweise eines sozialen Managements ab: „Soziale Organisationen sind als lebendige Systeme zu betrachten, die im Binnenverhältnis aus verschiedenen Subsystemen (Geschäftsstellen ...) bestehen, sich im Austausch mit anderen Systemen (z.B. Lebenswelten der Klienten, Stadtteilen, Kirchen ...) befinden und von gesellschaftlichen Prozessen (Sozialstaatsentwicklung) maßgeblich in ihrer Aufgabenwahrnehmung beeinflußt werden. Dies umreißt gleichzeitig die Bezugspunkte für Leitungsaufgaben in diesem Sektor von Non-Profit-Organisationen. Ein systemisch orientiertes Konzept von sozialem Management muß die sich aus den unterschiedlichen Einflußebenen ergebenden Anforderungen im Blick haben und gleichzeitig die vorhandenen Potentiale des sozialen Systems der Organisation (MitarbeiterInnen ...) nutzen und fördern."

Gaby Flösser und Hans-Uwe Otto (1992: 16) betonen, daß Dreh- und Angelpunkt eines Managements die Klienten sein müssen: „Wenn die Konzepte der Organisationsentwicklung nicht weiter reaktive Anpassungsleistungen an gesellschaftliche Prozesse darstellen wollen, sondern tatsächlich Korrelate in den Lebenswelten der Adressaten suchen, dann ist es notwendig zu neuen Aushandlungsformen der Organisierung sozialer Hilfen und zu neuen Formen ihrer Realisierung zu gelangen, die sich absetzen von den konventionalisierten Institutionen sozialer Arbeit. Modernisierungsversuche herkömmlicher Ansätze, zu denen auch im Endeffekt das Sozialmanagement gehört, erreichen schnell ihre Grenzen. Prinzipiell muß daher ein Weg ausgeschildert werden, der von „Sozialmanagement" zum „Management des Sozialen" führt.

Peter Eberl (1996: 62) hält fest, daß Sozialmanagement kein Rezept ist, das man in jeder Non-Profit-Organisation anwenden kann, sondern, daß Sozialmanagement-Konzepte immer neu, das heißt einrichtungsabhängig, entwickelt werden müssen: „Management bedeutet deshalb zunächst, eine Vorstellung davon zu entwickeln, wie sich eine Organisation unter Berücksichtigung ihrer Identität aktiv verändern kann, welche Aufgabenbereiche zur Wertestruktur der Organisation passen, worin die besonderen leistungsbezogenen Qualitätsmerkmale liegen und wie eine effektive Kommunikation mit allen Anspruchsgruppen zu erreichen ist. Dies sind Fragen der allgemeinen Organisationsführung. Hier und nicht in speziellen Managementfeldern liegt m.E. das vordringliche Problem des Sozialmanagements."

Gotthart Schwarz (1994: 64) resümiert: „Zu den Grundelementen, Bausteinen oder Modulen eines Sozialmanagement-Konzepts gehören nach übereinstimmender Auffassung der ExpertInnen in Wissenschaft und Praxis:

- Die Situationsanalyse, vorläufige Problembeschreibung;
- Bedarfserhebung und Ermittlung von Diskrepanzen;
- Ermittlung der Interessen und Bedürfnisse von Betroffenen und Beteiligten;
- differenzierte Problembeschreibung;
- der Zielfindungsprozeß, die Zielbestimmung (Soll-Analyse);
- die Problemanalyse der Arbeit (Ist-Analyse);
- die Entwicklung der (alternativen) Lösungen;
- die Planungsbeteiligung;
- die Bewertung der Lösungsmodelle und Entscheidung;
- Erstellung des Maßnahmeprogramms;
- Übersetzung in sinnvolle Arbeitseinheiten;
- die Planung der ökonomischen und effektiven Umsetzung;
- die Umsetzung und Ausführung in Bezug auf Personal und Organisation;
- die Erfolgskontrolle;
- die Evaluation und Bewertung in Bezug auf das Ziel."

3.3. SOZIALMANAGEMENT: BEGRÜNDUNG UND KONZEPT

Aus den vorgestellten Bestimmungen von Sozialmanagement läßt sich erschließen und festhalten: Beurteilt man eine soziale Einrichtung vom Standpunkt des Sozialmanagements, so sind alle Ebenen einer Non-Profit-Organisation[21] Gegenstand der Betrachtung. Die Perspektive Sozialmanagement evoziert einen grundsätzlichen Wandel innerhalb einer Organisation, setzt prinzipielle Veränderungsprozesse frei. Allen angewandten und benutzten Mitteln und Methoden, dem Planen, dem Organisieren, dem Kalkulieren, ist – so lautet die unabdingbare Forderung – sozusagen die soziale Bestimmtheit eingeschrieben. Damit verändert sich der Inhalt der Management-Instrumente. Gedacht und gehandelt wird nach Maßgabe des Zwecks, also problem- und situationsangemessen. Dreh- und Angelpunkt der Bemühungen ist der Adressat, der Klient. Sozialmanagement stellt aber ebenso die Mitglieder der Einrichtung ins Zentrum der Überlegungen. Dadurch ergibt sich eine Ressourcenmobilisierung hinsichtlich Motivation und dem Mut, neue Wege zu gehen. Sozialmanagement ist kein statisches Erfolgsrezept. Sozialmanagement muß immer wieder neu gedacht und auf die Situation bezogen entwickelt werden. Es ist ein dynamischer Prozeß, der von allen Beteiligten die Bereitschaft zu einem „lebenslangen Lernen" fordert. Anders gesagt, Sozialmanagement bedient sich fast aller Mittel und Methoden des Managements. Zugleich bekommen diese eine neue Spezifik. Praxis des Sozialmanagements bedeutet Übernahme der Mittel und Methoden betriebswirtschaftlicher Unternehmensführung in der Sozialen Arbeit. Es bedeutet jedoch nicht, daß damit auch die Zwecke betriebswirtschaftlichen Handelns in der Sozialen Arbeit übernommen werden. Die zweckoptimierte Verwendung von Ressourcen, Input-Output-Analysen, von Motivation und Professionalisierung von Mitarbei-

---

[21] Da auch der Begriff „Non-Profit-Organisation" sehr disparat gebraucht wird und auch in der Literatur unterschiedliches bezeichnet, also keineswegs eindeutig geklärt ist, verwende ich diesen Begriff in Anlehnung an Christoph Badelt (1997: 20f.). „Non-Profit-Organisation" bezeichnet eine private, nicht staatliche, soziale Einrichtung die via Subsidiarität staatliche Unterstützung erhalten kann und nicht privatwirtschaftlich kommerziell ausgerichtet ist. Zum Organisationsbegriff verweise ich auf das Buch von Hans-Wolfgang Hoefert (1994).

tern und eine „kundenorientierte" Strategie der Sozialen Arbeit können in den Institutionen, Einrichtungen und Handlungseinheiten im Bereich der Sozialen Arbeit zu einer besseren Durchsetzung der Zwecke führen, die der Sozialen Arbeit eigen sind und für die diese immer stand und steht: Benachteiligte und in Not geratene Menschen zu befähigen, ihre Lage zu verbessern, sei es durch materielle oder ideelle Zuwendung. Praxis des Sozialmanagements ist also die Vermittlung von ganzheitlicher und sozialökologischer Orientierung einerseits und zweckrationaler, ressourcenoptimierender Sichtweise andererseits. Beide Ebenen müssen als organische Einheit gesehen werden.

4. Die Aufgaben

Da Sozialmanagement zuvörderst eine Steigerung der Effizienz und Effektivität der Dienstleistungserbringung einer sozialen Non-Profit-Organisation intendiert, ergeben sich, ohne Anspruch auf Vollständigkeit, folgende Aufgabenfelder:

(a) Die Verantwortlichen müssen die Finanzierung der Einrichtung analysieren, darstellen und danach durchforsten, wo und in welchen Bereichen diese optimiert werden kann.[22] In diesen Zusammenhang gehört zum Beispiel auch die Überlegung und Planung, wo und wie Fundraising, Sponsoring, Spendenmarketing als Planungsgrößen für die Organisation fruchtbar einzubinden sind.

(b) Zu untersuchen wäre weiterhin der Grad der Wirtschaftlichkeit, mit der soziale Dienstleistungen erbracht werden. Zur Ermittlung dazu sind die Technik der Kostenrechnung tauglich und ein Controlling zur Steuerung und Sicherung der Wirtschaftlichkeit. Unabdingbar ist hier die enge Verknüpfung des Controllings mit den vorab festgelegten fachlich bestimmten Qualitätsstandards, die die Einrichtung für notwendig hält, sowie die Gewährleistung derselben im Sinne einer Qualitätssicherung.

(c) Ein weiteres wichtiges Betätigungsfeld haben die mit Sozialmanagement-Konzepten Befaßten in der bewußten Wahl der Organisationsstrukturen und der Gestaltung der Organisationsabläufe.

(d) Darauf bezogen muß das Personalmanagement sein, sowie die Entscheidung über die Art der Leitung und den Inhalt der Personal- und Mitarbeiterführung.

(e) Auch eine Reflexion über die Beziehungen zu den Kostenträgern muß von den Mitarbeitern der Organisation erfolgen und formuliert werden, ebenso wie die Sammlung und Erstellung von Kenntnissen über den „Markt" und die Wettbewerbssituation.

(f) Es muß weiter geprüft werden, wie die Qualität der Kommunikation nach innen und außen beschaffen ist und ob die Corporate Identity noch angemessen und zeitgemäß ist.

---

[22] Erklärt ist der Zusammenhang von Planung und Finanzierung in sozialen Organisationen zum Beispiel bei Wolfgang Diedering (1994).

(g) Auch die Beziehungen zu den Klienten – der wichtigste Punkt – muß innerhalb der Organisation explizit Thema sein und einer bewußten und objektiven Prüfung unterzogen werden. Hier steht namentlich die Frage nach dem Grad der Deckungsgleichheit der angebotenen Unterstützungsstrategien und den Interessenslagen des Klientels zur kritischen Diskussion.

(h) Auch der Aspekt der Beziehungen der Non-Profit-Organisation zu den ehrenamtlichen Mitarbeitern muß zum Gegenstand der Betrachtung werden, damit die gegenseitigen Erwartungen sondiert und bewußt gesteuert werden können. Hier ist unter Umständen auch eine Quelle zur Optimierung und Bündelung von Kompetenzen. Bei der Analyse dieses Themenbereichs könnten auch die Fragen eines bürgerschaftlichen Engagements[23] diskutiert werden sowie Fragen der Vernetzung von sozialen Aktivitäten und der Erzielung von Synergien.

(i) Ein Sozialmanagement beinhaltet auch die Aufgabe für die Verantwortlichen, die Motivation der Mitarbeiter zu prüfen, für ihre Fort- und Weiterbildung Kapazitäten zu schaffen sowie dafür Sorge zu tragen, daß die Mitarbeiter permanent und so umfassend wie möglich in die (Veränderungs-)Prozesse einbezogen sind.

Die Bemühungen vom Standpunkt eines Sozialmanagements erfolgen unter der großen Überschrift „Erhaltung und Weiterentwicklung der Funktionsfähigkeit der Einrichtung".

Die angesprochenen und zur Bearbeitung anstehenden Themenbereiche zeigen hier noch einmal deutlich, in welch prinzipieller Hinsicht Sozialmanagement Gestaltungsaufgabe ist.

---

[23] Eine Einführung in die Thematik bietet das Buch von Wolf Rainer Wendt (1996): Zivilgesellschaft und soziales Handeln, aber auch das Buch von Konrad Hummel (1995): Bürgerengagement.

5. Sozialmanagement – Perspektive im sozialen Dienstleistungsprozeß

Die Bedingungen für Soziale Arbeit haben sich heute in grundsätzlicher Weise geändert. Die neuen Rahmenbedingungen konstituieren für die mit der Sozialen Arbeit Befaßten den Zwang zum wirtschaftlichen Handeln, seien es die öffentlichen, die privat-gewerblichen oder die frei-gemeinnützigen Träger. Für alle Organisationen gilt das Gebot in der einen oder anderen Weise die Konzepte der „Neuen Steuerung" umzusetzen. Der Maßstab des Erfolgs ist in bisher nicht gekannter Weise etabliert und für frei-gemeinnützige Träger zum harten Kriterium ihrer Existenzsicherung geworden: „Qualitäts- und Kostenfragen sozialer Dienstleistungen stehen im Mittelpunkt der sozialpolitischen Diskussion gegen Ende der 90er Jahre. Welche Dienste und Einrichtungen werden bei zurückgehenden finanziellen und personellen Ressourcen überleben?" (Maelicke 1996). Vor diesem Hintergrund müssen soziale Einrichtungen frei-gemeinnütziger Träger eine Schlüsselfrage beantworten können, die etwa folgendermaßen lautet: Wie kann die Wirtschaftlichkeit von Non-Profit-Organisationen erhöht werden, oder anders: Wie kann das „Soziale" effizient und effektiv gestaltet werden? Soziale Arbeit ist gefordert, darzustellen was sie leistet. Die Einrichtungen bzw. alle Beteiligten müssen, wollen sie am Markt bestehen, ganz prinzipiell ihren Dienstleistungsprozeß hinsichtlich der Qualität,[24] seiner Effizienz, seiner Flexibilität, seiner Veränderbarkeit untersuchen. Mittels Sozialmanagement-Konzepten soll die Umsetzung des Wirtschaftlichkeitsgebotes erfolgen.

Die Beurteilungsperspektive, die die Verantwortlichen einnehmen, führen sie Konzepte des Sozialmanagements in ihrer Einrichtung ein, stellt alle Ebenen und Bereiche einer Non-Profit-Organisation auf den Prüfstand. Sie durchdringen diese analysierend und verändern den Dienst-

---

[24] Meinhold (1996) entfaltet und problematisiert sehr präzise und ausführlich den Qualitätsbegriff und liefert anschaulich Beispiele, wie ein Qualitätsmanagement in der Praxis aussehen kann. Außerdem ist das Buch von Maja Heiner (1996): Qualitätsentwicklung durch Evaluation für diese Thematik interessant. Ein Überblick über Qualitätsmanagement liefert u.a. Bobzien (1996).

leistungsprozeß der untersuchten Einrichtung. Dies soll im Folgenden anhand der Organisationsstrukturen gezeigt werden. Ich analysiere drei verschiedene Organisationsstrukturmodelle (Abb. 1-3) und zeige, wie sich die jeweils unterschiedlichen Strukturen auf die Dienstleistungserbringung einer sozialen Einrichtung auswirken.[25]

5.1. DAS HIERARCHISCHE ODER PATRIARCHALISCHE ORGANISATIONSSTRUKTURMODELL

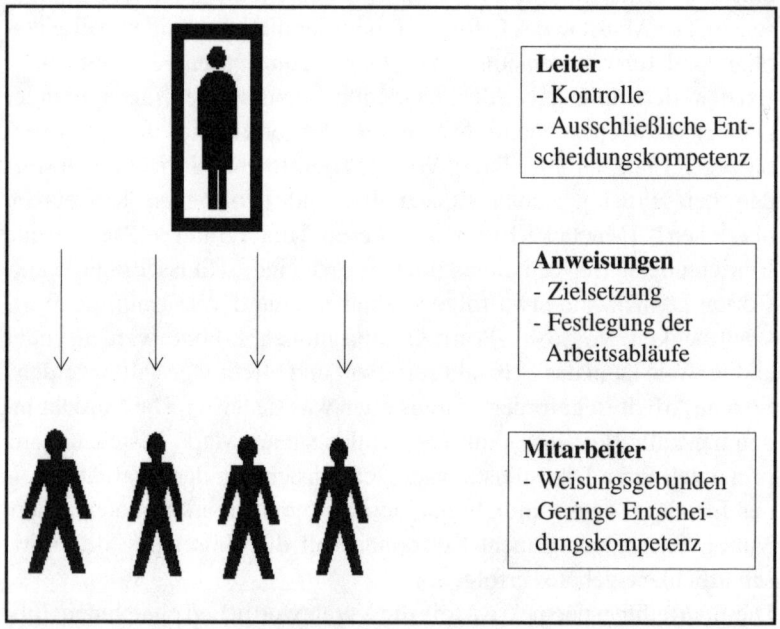

Abbildung 1: Hierarchisches Modell

Das als Abbildung 1 dargestellte erste Organisationsmodell weist folgende Struktur auf: Die Entscheidungs- und Kontrollbefugnisse sind ausschließlich an der Spitze der Organisation angesiedelt und konzen-

---

[25] Hans Dietrich Engelhardt (1995) gibt einen Überblick über verschiedene Organisationsmodelle.

triert. Der Leiter, „Patrone", entscheidet allein nach seinen Kriterien, er ist niemandem gegenüber verantwortlich. Die interne Kommunikation erfolgt vorwiegend in eine Richtung. Die Informationswege sind lang. Der Charakter der Kommunikation ist der des „Anweisens von oben". Spiegelbildlich definiert sich die Rolle der Mitarbeiter. Sie sind Ausführende und können eher wenig selbst entscheiden. Die Arbeitsabläufe sind genau festgelegt, die Zuständigkeiten klar definiert. Eigener Gestaltungswille, die Entfaltung und das Geltendmachen eigener Kompetenzen sind wenig gefragt. Orientierung für die Mitarbeiter gibt die Hierarchie vor, die deswegen möglichst klar und stabil sein muß. Der Erfolg der Arbeit kann an der Zielsetzung bestimmt werden, die eindeutig vorgegeben ist. Die Mitarbeiter entwickeln deshalb auch wenig Selbstverantwortung. Die Identifikation mit der Arbeit ist vergleichsweise gering. Für die Organisation selbst bewirkt diese Struktur eine große Inflexibilität, sich an veränderte Bedingungen anzupassen bzw. diese zu erkennen, aufzunehmen und produktiv zu machen.

Bei diesem Organisationsmodell handelt es sich um das Modell, das bis in die 60er Jahre in sozialen Einrichtungen vorwiegend vorzufinden war. Ende der 60er Anfang der 70er Jahre wurde es in Frage gestellt bzw. modifiziert. Die absolute Autorität des Leiters an der Spitze wurde relativiert, Mitarbeiter wurden mit Führungs- und Leitungsaufgaben betraut und in die entsprechenden Leitungsgremien berufen. Die hierarchische Struktur blieb aber vielerorts erhalten.

5.2. DAS TEAM ORGANISATIONSSTRUKTURMODELL

Das Teammodell in Abbildung 2 kontrastiert zu dem auf Autorität beruhenden patriarchalischen Organisationsstrukturmodell. Teamartig strukturierte Organisationen zeichnen sich in erster Linie durch flache Hierarchien aus. Besonders in den 60er und 70er Jahren war diese Struktur häufig zu finden. Selbsthilfegruppen und die Initiatoren von alternativen Projekten bevorzugten diese Organisationsstruktur. Man adaptierte diese Strukturen von amerikanischen Unternehmen. Die Teamstruktur wurde in den USA entwickelt. In den 20er Jahren hatten amerikanische Arbeitspsychologen die praktische Bedeutsamkeit der Gruppendynamik innerhalb der Belegschaft, des gegenseitigen Respekts und der gegenseitigen Achtung im Arbeitsprozeß als wichtige

Abbildung 2: Das Team Organisationsstrukturmodell

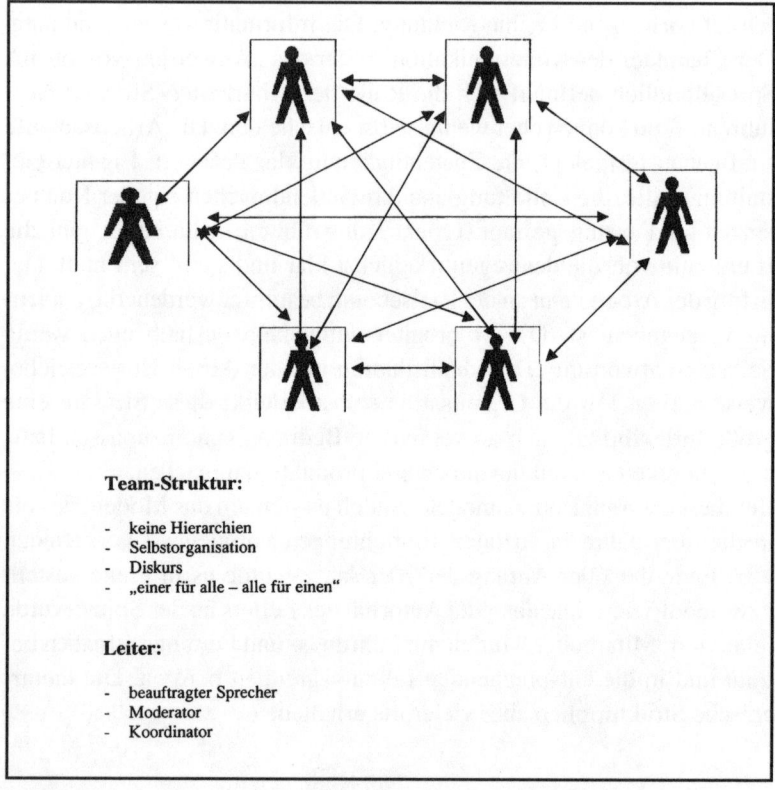

Team-Struktur:

- keine Hierarchien
- Selbstorganisation
- Diskurs
- „einer für alle – alle für einen"

Leiter:

- beauftragter Sprecher
- Moderator
- Koordinator

Einflußfaktoren auf die Arbeitsleistung entdeckt. Einige Industrieunternehmen gestalteten ihre Arbeitsprozesse um und richteten Teams ein. Diese Strukturen wurden in der Bundesrepublik aufgegriffen und für den Sozialbereich weiterentwickelt. Folgende Merkmale charakterisieren die Teamstruktur: Es gibt fast keine Hierarchien, auf formale Strukturen wird wenig Wert gelegt. Unter den Mitarbeitern herrscht ein solidarischer Umgangston. Selbstbestimmung und Selbstorganisation haben einen hohen Stellenwert. Entscheidungen werden im gemeinsamen Diskussionsprozeß getroffen. Einigendes Band unter allen Mitarbeitern ist das Interesse an der Sicherung und Weiterentwicklung der Organisation. Die Funktion des Leiters besteht eher darin, beauftragter Sprecher aller Mitarbeiter zu sein. Seine Aufgabe besteht im Moderieren und Koordinieren. Er ist das Sprachrohr nach außen. Aus diesen Merkmalen ergeben sich zum einen eine im Vergleich zum patriarchalischen Modell höhere Identifikation der Mitarbeiter mit ihrer Einrichtung und ihrer Arbeit und damit verbunden eine größere Motivation. Jeder Einzelne und die Gruppe sind wichtig in ihrer jeweiligen Besonderheit. Zusammenarbeit und das Arbeitsklima spielen eine bedeutende Rolle. Die einzelnen Mitarbeiter sind nicht ausschließlich (wie beim patriarchalischen Modell) auf ihre Funktion festgelegt, sondern können ihre Fähigkeiten, die über ihr spezielles Arbeitsgebiet hinausgehen einbringen, aber auch weiterentwickeln. Zugleich wird durch den kontinuierlichen Diskussionsprozeß Expertenwissen verallgemeinert. Dadurch lassen sich Synergieeffekte erreichen. Außerdem erfolgt eine Steigerung der Effizienz qua Bündelung und Förderung der individuellen Potentiale in und durch die Gruppe. Kreativität und innovative Potenzen werden so gefördert. Die Organisation verfügt dadurch über Potentiale, auf veränderte Anforderungen einfallsreich zu reagieren. Die Informationswege sind hier im Vergleich zum patriarchalischen Modell sehr kurz, da es explizites Anliegen ist, „alle über alles" zu informieren.

Als Mängel dieser Struktur werden überwiegend gesehen: Ein relativ umfangreicher Zeitaufwand ist notwendig, um anstehende Entscheidungen herbeizuführen, da die Entscheidungsfindung im streng klassischen Teammodell per gemeinsamem Diskurs erfolgt. Eine weitere Schwäche dieses Modells könnte darin gesehen werden, daß Konflikte nicht vollständig ausgetragen werden können und Kompromisse notwendig werden, die der zu verhandelnden Sache nicht vollständig angemessen sind. Das was einerseits als Stärke des Modells charakterisiert werden kann, zum Beispiel die Bündelung des Expertenwissens, kann andererseits auch ineffizient wirken: Alle Mitglieder der Organisation, auch mit unterschiedlichem Kenntnisstand und unterschiedlicher Kompetenz, reden bei allem mit bzw. entscheiden mit, so daß die gefundenen Lösungen möglicherweise nicht ausschließlich auf Professionalität beruhen. Da es keine eindeutigen und klaren Führungsstrukturen gibt, sind getroffene Entscheidungen nicht sehr verläßlich, erfolgen diskontinuierlich und können, auch wenn erforderlich, nicht rasch und flexibel herbeigeführt werden.[26] Ein weiteres Kennzeichen dieser Struktur ist

---

[26] Einige alternativ und selbstverwaltete Projekte der 60er Jahre mußten schmerzliche Erfahrungen diesbezüglich machen (Weigand 1992: 33-47).

eine relativ große Anzahl von Gremien. Um in dieser Struktur effiziente Arbeitsabläufe zu installieren, sind unter anderem eine funktionierende Kommunikationsstruktur erforderlich sowie die Bereitschaft aller Mitglieder, Verantwortung zu übernehmen. Es muß außerdem für jedes Team, soll es produktiv arbeiten, daran gedacht werden, größtmögliche Autonomie sicher zu stellen.

5.3. DAS ENTWICKLUNGSORIENTIERTE ORGANISATIONSSTRUKTURMODELL

Abbildung 3 zeigt ein Organisationsmodell, das am treffendsten mit dem Prädikat „entwicklungsorientiert" charakterisiert werden kann. Ich beziehe mich bei dieser Struktur auf das von Peter Schwarz (1992: 190) entwickelte und von Alfred Jäger (1996) abgewandelte Organisationsmodell, da, wie ich aus vielen Recherchen und Fachgesprächen weiß, diese Strukturen in mehr oder weniger abgewandelter Form in zahlreichen sozialen Einrichtungen zu finden sind.

Abbildung 3: Entwicklungsorientiertes Orgstrukturmodell

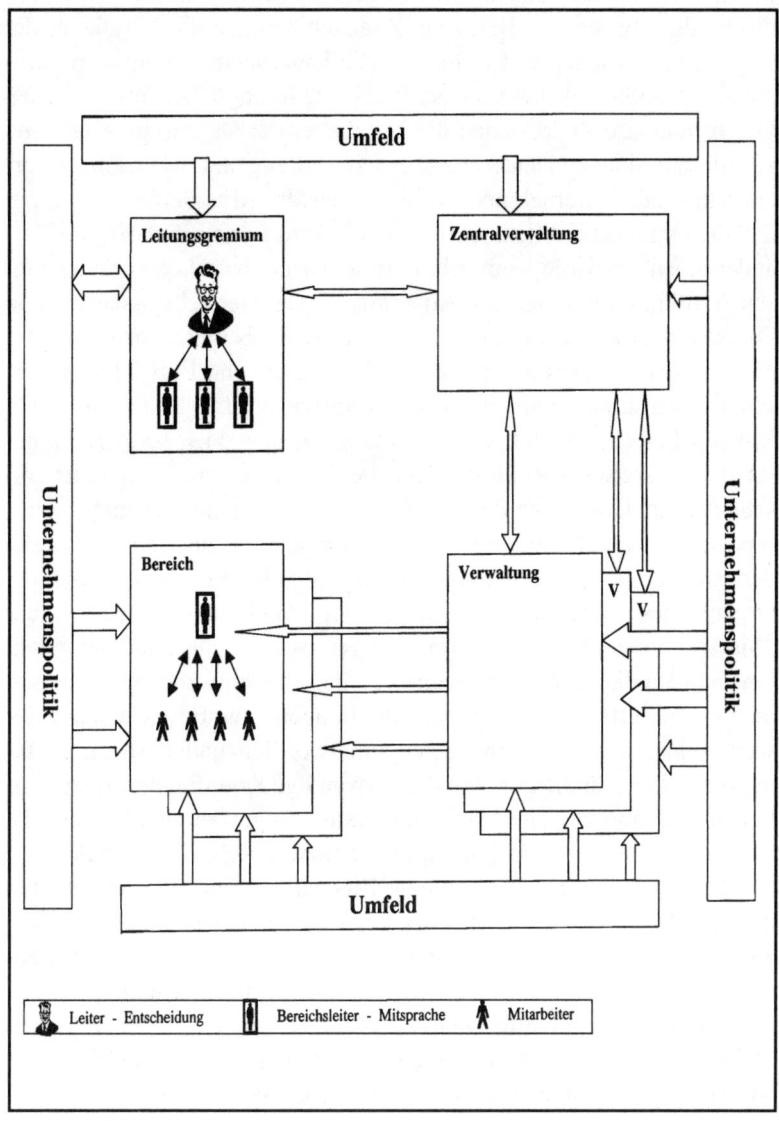

Das Zentrum, die Basis und das Dach der Organisation ist die Unterneh-menspolitik (siehe Teil I, Abschnitt 6.1.). Schon hier wird die entwicklungsorientierte Ausrichtung der Organisation kenntlich: Die Unternehmenspolitik ist Richtschnur für das gesamte Unternehmen und durchdringt alle Ebenen und Bereiche. Zugleich nehmen die Mitglieder der Organisation wiederum Einfluß auf die Unternehmenspolitik, bestimmen und verändern diese. Diese Wechselwirkung einerseits zwischen klar formulierte Ziele, denen die Mitglieder der Organisation wissend verpflichtet sind, und andererseits der Gestaltung und (wenn nötig) Veränderung der Unternehmenspolitik durch die Mitarbeiter, garantiert, daß die Organisation flexibel und sensibel auf interne und externe Veränderungen reagieren kann. Ein Führungsteam, bestehend aus den Geschäftsführern der einzelnen Abteilungen oder Bereiche assistiert dem Direktor oder Hauptgeschäftsführer. Dieser Kreis bildet sozusagen das Management. Hier werden die Entscheidungen und Entwicklungsperspektiven diskutiert, ausgehandelt und festgelegt. Die Leiter haben alle Mitspracherecht, die letzte Entscheidung liegt jedoch beim Hauptgeschäftsführer. Seine Rolle ist nicht die des Primus inter pares. Er entscheidet auf Grundlage des gebündelten und versammelten Wissens, repräsentiert durch die Leiter. Das Gremium ist sozusagen der Ort, an dem sich der Hauptgeschäftsführer mit profunden Kenntnissen über die Organisation, über deren Entwicklungsstand, ihrer Stellung am „Markt", über zukünftige Anforderungen usw. versorgt und ausstattet, um dann auf dieser abgesicherten Grundlage die notwendigen Entscheidungen zu treffen. Die einzelnen Abteilungen bzw. Bereiche haben jeweils einen Leiter, agieren eigenverantwortlich und besitzen größtmögliche Selbständigkeit. Um die notwendige Koordination zu ermöglichen und eine gemeinsame Stoßrichtung zu gewährleisten, steht die Leitungsebene in einem kontinuierlichen wechselseitigen Dialog mit den Mitarbeitern „ihrer" Abteilung. Eine strukturelle Besonderheit bei diesem Modell ist die Position der Verwaltung: Jedem Bereich ist eine Kostenstelle zugeordnet. Sie gibt Auskunft über das Budget, das zur Verfügung steht, dessen Höhe wird aber nicht von den Mitarbeitern dieser Verwaltungseinheit festgelegt. Sie zeigen den sozialpädagogischen Mitarbeitern sozusagen auf, wo die Abteilung finanziell „steht". Diese Verwaltungseinheiten sind nicht hierarchisch den Abteilungen gegenüber positioniert. Sie bieten eine Dienstleistung, indem sie die nötige Transparenz herstellen und beständig den finanziellen Rahmen aufzeigen, beobachten und so bei den Mitarbeitern eine Sensibilität für Kosten wecken und ihnen genaue Informationen über den finanziellen Sachstand liefern. Damit kann erreicht werden, daß schon bei der fachlichen Gestaltung der Dienstleistungsprozesse ein Kostenbewußtsein miteinfließt. Die Verwaltung der Einrichtung/Organisation hat deshalb auch keine Entscheidungsfunktion, sondern ist eher Zulieferer von Daten die Finanzen betreffend, sie bietet die Grundlage, auf der die einzelnen Bereiche ihre Dienstleistungsprozesse gestalten, entwickeln, durchführen und, wenn nötig, modifizieren. Diese Struktur stellt sicher, daß bei der Planung, Entwicklung und Durchführung von sozialen Dienstleistungen der finanzielle Aspekt immer mitgedacht wird und auf diese Weise kreative und intelligente, aber auch realistische Lösungen möglich werden. Dies ist, so gesehen, eine Aufhebung bzw. Harmonisierung des uralten Gegensatzes von „Geld und guten Ideen". Die unmittelbare Angliederung einzelner Verwaltungseinheiten an die Bereiche hat auf der anderen Seite eine gewisse Zergliederung zur Folge. Dem wird entgegengewirkt durch die Zusammenführung in einer zentralen Verwaltung. Diese hat die Aufgabe, die finanzielle Situation der gesamten Einrichtung/Organisation zu beobachten und zu analysieren sowie der Geschäftsführung über den Sachstand zu berichten indem sie ihr die nötigen Daten liefert. Das dargestellte Modell läßt eine große Variation in der Gestaltung zu und kann so flexibel den Gegebenheiten einer sozialen Einrichtung angepaßt werden. So finden sich beispielsweise wesentliche Elemente im Bielefelder Diakonie Management Modell (Lohmann: 1997). Auch in Einrichtungen der Caritas findet sich die beschriebene Struktur.

5.4. ERTRAG

Ich habe exemplarisch anhand von drei Organisationsmodellen gezeigt, wie der Aufbau die strukturelle Verfaßtheit einer Organisation die Arbeitsabläufe lenkt, die Effizienz und Effektivität beeinflussen, das Erreichen der gesetzten Ziele befördern und Ressourcen mobilisieren kann. So ist die Stärke des traditionellen hierarchischen Prinzips (siehe Teil I, Abschnitt 5.1.) die Stetigkeit und Stabilität. Das teamartige Modell (siehe Teil I, Abschnitt 5.2.) hingegen schafft der Kreativität großen Raum. Das entwicklungsorientierte Modell (siehe Teil I, Abschnitt 5.3.) schließlich entnimmt – neben der Etablierung neuer Prinzipien – Elemente aus den beiden ersten Modellen, kombiniert sie und schafft so

neue Realitäten und Spielräume. Es eröffnet durch die Schaffung von kooperativen Netzstrukturen Perspektiven, flexibel und dynamisch einen ständigen Prozeß der Weiterentwicklung der Organisation sicherzustellen.[27]
Die ideale Struktur der Aufbau-/Ablauforganisation gibt es für soziale Einrichtungen nicht. Hierarchische Strukturen sind für bestimmte Abläufe innerhalb eines Krankenhauses zum Beispiel sinnvoll. Ebenso gilt dies für bürokratische Abläufe. Umgekehrt wäre dieses Modell bei der Arbeit mit oder in Selbsthilfegruppen wenig geeignet. Das entwicklungsorientierte Modell hingegen hat nicht von der Hand zu weisende Vorteile für eine Optimierung der Arbeit innerhalb sozialer Organisationen.

Die Darstellung und Analyse verschiedener Organisationsstrukturen sollte zeigen, wie entscheidend Strukturen für die Arbeitsprozesse sind, die darin ablaufen. Veränderungen der Strukturen haben Einfluß auch auf die Effizienz und Effektivität der Prozesse. Die Analyse zeigte außerdem, daß es eine Managementaufgabe ist, adäquate Strukturen zu wählen und zu entwickeln, adäquat in Hinsicht auf die Natur der Dienstleistung, die erbracht werden soll. Soziale Organisationen sind Teil einer Umwelt, das heißt, sie sind integriert, eingebettet in ein sich ständig veränderndes Umfeld. Allein die Strukturen können Anpassungsprozesse erschweren oder begünstigen.

---

[27] Ein ähnliches Ziel, durch netzartige Strukturen Synergien und mehr Effizienz herbeizuführen, findet sich, wenn auch in anderem Kontext, bei Sally Helgessen (1994): Frauen führen anders, wobei der Schwerpunkt auf einer Theorie der Führung liegt, die solche Strukturen unterstellt.

6. Sozialmanagement: Ein Qualifizierungskonzept – Handlungskompetenzen der Beteiligten

Ein Sozialmanagement analysiert und verändert, wenn nötig, nicht nur die Strukturen einer Organisation. Der Standpunkt „mehr Effizienz der Arbeit" erzeugt ein verändertes Anforderungsprofil bezüglich der Handlungskompetenzen aller am sozialen Dienstleistungsprozeß Beteiligten. Der Wirkungsgrad fachlicher Kompetenz soll und kann nicht nur gesteigert werden, indem entsprechende, der Dienstleistung adäquate Strukturen geschaffen werden, die diese gezielter und wirkungsvoller zur Geltung bringen. Sozialmanagement verändert die Fachlichkeit der Mitarbeiter, gibt deren Professionalität einen zusätzlichen Inhalt. Verändert eine Organisation ihre Struktur, dann ist die Weiterentwicklung der Qualifikation der handelnden Individuen in der Organisation notwendiges Gebot. Nur ein symmetrischer Veränderungsprozeß – die Neugestaltung objektiver Strukturen einerseits und die parallele Beteiligung und Einbeziehung der Mitarbeiter andererseits – hat Aussicht auf Erfolg. „Die neue Entwicklung (gemeint ist die steigende Tendenz im Sozialbereich sich mit Fragen von Organisation und Management zu befassen, d.Verf.) folgt z.T. der inneren Logik einer Professionalisierung. Je mehr SozialpädagogInnen ihre eigenen Handlungsformen entwickeln, desto mehr geraten sie in Konflikt mit herkömmlichen Organisationen und Organisationsstrukturen von Dienstleistungen, die verwaltungsförmig zentralistisch oder patriarchalisch-fürsorglich strukturiert sind. Von daher ist es geboten, Organisationen, Administrationen nicht nur kennen zu lernen, sondern auch innovative Veränderungen zu erproben" (Dümpelmann/Hege 1993: 57).

Am Beispiel der entwicklungsorientierten Organisationsstruktur zeige ich, wie, inwiefern und welche möglichen zusätzlichen Handlungskompetenzen unter anderen entwickelt und ausgebildet werden müssen.

6.1. CORPORATE IDENTITY

Das entwicklungsorientierte Strukturmodell macht besonders deutlich, daß das Management von Non-Profit-Organisationen eine Gestaltungsaufgabe ist, und das nicht nur auf Führungs- und Leitungsebene. Bei diesem Modell steht die Unternehmenspolitik im Mittelpunkt aller Überlegungen und Handlungen innerhalb der Organisation. Die Unternehmenspolitik beruht auf einer Unternehmensverfassung, die Leitlinie und Basis für alle Entscheidungen darstellt. In der Unternehmensverfassung ist festgeschrieben, was die Identität einer Einrichtung, die Corporate Identity,[28] ausmacht. Sie enthält die Unternehmensphilosophie,[29] nach der die Mitarbeiter in der Organisation leben und handeln.

Entwickelt werden sollte eine solche Unternehmensverfassung unter Beteiligung aller Mitarbeiter. Sie kann nur sinnvoll entwickelt und bestimmt werden, wenn Mitarbeiter aller Bereiche und Hierarchieebenen beteiligt sind. Geeignet zur Entwicklung derselben sind die Beantwortung der „W-Fragen". Alle Beteiligten sollten sich diese Fragen vorlegen, denn auf die Fragen „Wer sind wir?", „Was wollen wir?" gibt es nicht nur von Mitarbeiter zu Mitarbeiter unterschiedliche Aussagen, sondern auch vor allem von Hierarchieebene zu Hierarchieebene. Umgekehrt lassen sich nur im Befragungsprozeß aller die vielseitigen Facetten dessen, was eine Organisation auszeichnet, einfangen. Die so gewonnenen Ergebnisse sollten gemeinsam ausgehandelt und festgeschrieben werden. Schließlich bedeutet ja Corporate Identity die spezifischen Wertvorstellungen, Einstellungen, Gefühle, Verhaltensweisen, Symbole einer Non-Profit-Organisation herauszufinden, festzuhalten und verbindlich festzulegen. Die identifikationsstiftende und Zusammengehörigkeit stiftende Wirkung von Corporate Identity kann sich dabei nur entfalten, wenn deren Inhalt von allen Beteiligten entworfen, bestimmt, ausgehandelt, festgelegt und dementsprechend gewußt ist. Für den Prozeß der Konstitution der Unternehmensverfassung bedarf es großer gestalterischer Kompetenzen. Ideenreichtum und Kreativität sind ebenso gefragt wie Realitätssinn und Gespür für das Notwendige. Ist dieser Prozeß erfolgreich abgeschlossen, gibt die Unternehmensverfassung für alle Mitarbeiter Perspektive und

---

[28] Anschauliche Beispiele, wie sich Corporate Identity darstellt, finden sich in dem Buch von Wally Olins (1990): Corporate Identity. Strategie und Gestaltung. Ausführlich und umfassend beschreiben Birkigt/Stadler/Funk, was Corporate Identity in Wissenschaft und Praxis auszeichnet. Zu derselben Thematik siehe auch Waldemar Kissling und Peter Spannagl (1997).

[29] Horst Avenarius (1995) gibt alle wichtigen Bestimmungen von der Unternehmensphilosophie.

Orientierung. Jeder Mitarbeiter hat die Ziele vor Augen und kann für sich beurteilen, ob und inwieweit er durch sein Handeln die Ziele verfolgt und befördert. Selbstkontrolle, informelle Kontrolle statt hierarchischer Kontrolle erfordern aber zugleich zusätzliche Kompetenzen wie beispielsweise die Fähigkeit, distanziert die eigene Arbeit zu reflektieren, sie zu beurteilen und damit die Frage nach der Wirksamkeit und Sinnhaftigkeit der eigenen Leistung zu beantworten.

Dieser prinzipielle Reflexionsprozeß bzw. dessen Resultate bilden die Grundlage für die Führung und Leitung einer sozialen Non-Profit-Organisation. Je gründlicher und sorgfältiger dieser Leitbild-Prozeß in Gang gesetzt, begleitet und abgeschlossen wird, desto effizienter wird die Soziale Arbeit geleistet werden können. Zumindest ist dies eine zentrale Komponente für den Erfolg einer Organisation. Praktizieren die Beteiligten ein Sozialmanagement-Konzept in ihrer Einrichtung, dürfen sie bei der Entwicklung einer Corporate Identity nicht stehen bleiben. Auch für die Art und Weise der Zielerreichung der Dienstleistung, der Auswahl der Mittel und Methoden bietet das Sozialmanagement Lösungen an. Hierfür sind „W-Fragen" besonders nützlich, weil eine kluge Fragestellung den Weg zur Lösung weist. So sollte für die Beantwortung etwa folgender Fragen genügend Zeit zur Verfügung stehen: Wie sehen wir unsere Klienten? Wie sehen wir unsere Mitarbeiter? Was heißt in unserer sozialen Einrichtung Führung? Was bedeutet es, daß wir unsere Einrichtung als Unternehmen führen, was wiederum, nicht? Welchen Stellenwert nimmt die Ökonomie ein? (Jäger 1996: 59). Solche und ähnliche Fragen muß eine Organisation, die Sozialmanagement praktiziert, spezifisch für sich beantworten können.

Folgende Handlungskompetenzen müßten in diesem Zusammenhang zusätzlich von den Leitern, den leitenden Mitarbeitern und auch den Mitarbeitern, die keine explizite Führungsfunktion inne haben, ausgebildet bzw. erlernt werden:

Die Mitarbeiter brauchen

(a) ethisch-kulturelle Kompetenzen: Die Werte, denen sich die Einrichtung verpflichtet weiß, müssen immer wieder daraufhin überprüft werden, ob sie noch sinnvoll mit der Dienstleistung korrespondieren, ob sie begründet und zeitgemäß sind.

(b) innovative Kompetenzen, um die Prozesse in der Einrichtung immer wieder kritisch gestaltend steuern zu können.

(c) rationale Kompetenzen: Die Ziele die entwickelt werden, müssen auf Basis der Ressourcen sinnvoll erreichbar sein.

(d) kreative Kompetenzen, um neue Entwicklungslinien zu bemerken und Zielvorgaben zu erarbeiten.

Unberührt davon bleibt die Notwendigkeit für Sozialarbeiter/Sozialpädagogen, über Grundkenntnisse in der Disziplin der Volks- und Betriebswirtschaftslehre zu verfügen.

6.2. FÜHREN UND LEITEN

Die nachfolgenden Ausführungen haben den Bereich Führen und Leiten zum Gegenstand. Mit meinen Ausführungen beanspruche ich nicht dieses überaus komplexe Thema abzuhandeln. Exemplarisch sei hier Vreni Hunziker genannt, die eine griffige Definition von Führen vorstellt: „... drei Aspekte (bestimmen) die Führungsaufgabe: Die Nähe zu den KlientInnen und KundInnen, d.h. die Marktorientierung muß sichergestellt werden. Die Zusammenarbeit in der Organisation, im Team muß gestaltet und entwickelt werden. Die Wirtschaftlichkeit, der Umgang mit den knappen Ressourcen muß im Auge behalten werden. Führen bedeutet: gleichgewichtigen Umgang mit diesen drei Aspekten und die Fähigkeit, zu bestimmten Zeitpunkten den Vorrang des einen oder anderen Aspekts zu erkennen, ohne die anderen zu vernachlässigen. Wenn Führungskräfte oder Teams sich um diese drei Aspekte bemühen, dann wird gut geführt" (Hunziker 1992: 185).

Hier geht es mir nur um die Beschreibung und Entwicklung einiger Charakteristika von Führung und Leitung. Diese erscheinen mir unabdingbar, wenn man eine entwicklungsorientierte Ausrichtung der eigenen Einrichtung verfolgt.[30] Meine Ausführungen sollen beispielhaft dafür sensibilisieren, daß das Sozialmanagement nicht einfach eine Technik oder Methode ist, die man ohne Wissen und Gefühl bezüglich der eigenen Einrichtung nur anzuwenden braucht.[31] Es liegt auf der Hand, daß Sozialmanagement Qualifikationen wie betriebswirtschaftli-

---

[30] Eine Typologie des Führens und Leitens entwerfen zum Beispiel Gerhard Frank und Manfred Wolf (1988: 43-73) in einer Studie zur Subjektivität von Leitungskräften. Grundsätzliches zum Führen findet sich bei Bernd Wildenmann (1994).

che Kenntnisse,[32] Controlling, Organisationsentwicklung, Qualitäts-management usw. unterstellt. Auf diese Mittel und Methoden möchte ich hier nicht eingehen, gleichwohl auch diese sehr differenziert und der Einrichtung angemessen angewendet werden müssen. Im übrigen gibt es zu den jeweiligen Mitteln reichlich Literatur.[33] Der Grund, weswegen ich mich hier auf das Führen und Leiten der Mitarbeiter konzentriere, rechtfertige ich mit dem Wissen, daß Mitarbeiter, die Individuen einer Organisation das Wichtigste, die Quelle sind, mit deren Förderung die Organisation steht und fällt.

Aus der in Rede stehenden Organisationsstruktur ergeben sich Forderungen an die Fähigkeiten der Leitung. So sind zwar die hierarchischen Positionen der beiden Leitungsebenen geklärt – wie gesehen –, die Art und Weise der Führung aber nicht inhaltlich bestimmt. Eine Hauptaufgabe des Geschäftsführers oder Direktors ist, die Leiter der Geschäftsbereiche oder Abteilungen einerseits mit von ihm entworfenen Visionen und Entwicklungsperspektiven für die eigene Einrichtung zu konfrontieren und im kritischen Diskurs darüber zu befinden. Andererseits muß sich der Hauptgeschäftsführer die Berichte seiner Leiter über Trends, Marktentwicklungen, über das Betriebsklima, über die Arbeitsmotivation der Mitarbeiter, über organisatorische oder inhaltliche Veränderungen in den Abteilungen anhören, muß sich davon ein Bild machen und die einzelnen Punkte mit den Leitern besprechen. Auf dieser Grundlage werden die Prozesse in der Organisation gesteuert. Die von den Mitgliedern des Managements angestellten Diskurse bewirken eine Organisationsentwicklung, die flexibel auf Umwelteinflüsse reagieren kann. Notwendige Veränderungen können auf diese Weise bewußt und theoriegeleitet herbeigeführt werden. Der Hauptgeschäftsfüh-

---

[31] Michael Patak (1997: 13), Mitglied der Wiener Beratungsgruppe Neuwaldegg, stellt die These auf (und belegt diese auch anschaulich), daß „das Management einer Non-Profit-Organisation ... härtere Anforderungen als die Führung eines Wirtschaftsunternehmens" an die damit Beauftragten stellt.

[32] Interessant in diesem Zusammenhang auch der Aufsatz von Andreas Strunk (1995: 12), in dem er unter anderem dafür plädiert, daß sich Soziale Arbeit ihren eigenen Zugang zur Betriebswirtschaftslehre erschließt.

[33] Aufschlußreiches Material für die Problematik des Qualitätsmanagements und der Qualitätssicherung liefern die Qs-Hefte, desgleichen Marianne Meinhold (1994) sowie die Bücher von Maja Heiner (1996) und Bernd Maelicke (1996).

rer braucht – leitet er solchermaßen entwicklungsorientiert – mithin neben vielen anderen notwendigen Qualifikationen eine wesentliche Kompetenz: er muß innovativ sein. Seine Position im Unterschied zur zweiten Leitungsebene ist dem „Tagesgeschäft" enthoben. Dies ermöglicht es ihm, das „große Ganze" im Auge zu haben und auf dieser Basis zukunftsorientiert vorzugehen. Im einzelnen sollte man von solch einer Führungskraft erwarten, daß sie Ziele für die Organisation entwickelt und vorgibt, die gestützt und abgeleitet sind aus den spezifischen Werten und weltanschaulichen Hintergründen der Einrichtung. So wird sichergestellt, daß sich die Mitarbeiter mit den Zielen identifizieren können, sich zumindest aber darin mehr oder weniger wiederfinden können und bei Bedarf per Aushandlung ein Konsens gefunden werden kann. Auf dieser Leitungsebene sollten aber auch Visionen Gestalt annehmen können. Dies unterstellt die Fähigkeit des Hauptgeschäftsführers sich von Denk- und Handlungsschablonen zu lösen („das war schon immer so") und fordert von ihm den Mut, neue Wege anzudenken und zu gehen. Der Entwurf neuer Entwicklungen in der Organisation kann und sollte – und dies ist durch die Struktur der zweiten Leitungsebene möglich – per Diskussion in dem gemeinsamen Leitungsgremium diskutiert und wenn nötig korrigiert werden. Auf diese Weise ist die nötige Rückkopplung mit der Praxis sichergestellt und eine notwendige Verankerung bzw. tragfähige Basis in der Organisation hergestellt.

Die Leiter der zweiten Ebene, die sich hauptsächlich mit der praktischen Umsetzung der Ziele und Erkenntnisse innerhalb der Organisation befassen, benötigen für die Aufgabe der Umsetzung in hohem Maße kommunikative Führungsqualitäten. Ein angemessener Führungsstil wäre ein Management durch Zielvereinbarung.[34]

Kommunikative Führungsqualitäten benötigen sie deshalb, weil sie sozusagen als Sprachrohr die mit dem Hauptgeschäftsführer gemeinsam beschlossenen Notwendigkeiten bei den Mitarbeitern bekannt machen und diskutieren müssen. Insofern benötigen die Abteilungsleiter Überzeugungskraft, die Fähigkeit zu begeistern und zu motivieren. Sie brauchen außerdem analytische Fähigkeiten, um für die Mitarbeiter einsehbar und zweifelsfrei aufzuzeigen, daß sich diese oder jene Veränderung „lohnt". Aber nicht nur das, eine Neuorientierung der Organisation, die

---

[34] Wolf Hartmann (1988: 71-135) stellt die unterschiedlichen Führungsstile und -techniken vor. Insbesondere auch die Management by-Techniken.

angestrebte Entwicklung der Organisation im Sinne eines perpetuum mobile hat auch eine „unbequeme" Hinsicht. Unbequem kann eine entwicklungsorientierte Ausrichtung der Organisation unter Umständen für die Mitarbeiter deshalb sein, weil dadurch in der Tat die Gewohnheit, die Arbeit aus Erfahrung so und nicht anders zu tun, zyklisch in Frage gestellt wird. Dieses Konzept stellt an die Mitarbeiter zusätzliche Anforderungen: Sie müssen permanent ihre Arbeit beurteilen, neu überdenken und gegebenenfalls andere, neue Wege (mit)gehen. Neben fachlicher Professionalität benötigen sie unter anderem ein ausgeprägtes Selbstbewußtsein, sie müssen sich trauen können, Entscheidungen auch zu hinterfragen und müssen nötigenfalls die Möglichkeit haben, eine Veränderung qua Diskurs erreichen zu können. Kurz, soll dieses Konzept wirklich zur Gänze gelingen, bedarf es Mitarbeiter die mitdenken, mitgestalten können (dürfen). Dies bedeutet nicht nur dafür zu sorgen, daß in der Einrichtung nicht nur der Raum und die nötige Zeit dafür zur Verfügung stehen, sondern auch, daß das entsprechende „Klima" herrscht. Auch dies ist eine Führungsaufgabe.

Teil II   Auswertung und Analyse der Befragung

1.   Die Durchführung der Befragung

1.1.   ZIEL DER BEFRAGUNG UND ERKENNTNISLEITENDE FRAGESTELLUNGEN

Die Diskussion über Sozialmanagement kann sich bislang nur in sehr geringem Umfang auf Erkenntnisse und empirische Befunde stützen. Es liegen so gut wie keine Einsichten dazu vor, ob und in welchem Umfang Ansätze des Sozialmanagements in der Praxis der Einrichtungen im Non-Profit-Bereich verankert sind und umgesetzt werden. Soweit Berichte über die praktische Umsetzung einschlägiger Konzepte vorliegen, betreffen diese in der Regel Einzelbeispiele[35] oder Musterfälle,[36] d.h. es wird in typisierter Form die Einführung von Ansätzen des Sozialmanagements in einer Non-Profit-Organisation beschrieben[37] oder es wird gewissermaßen als musterhafte Anleitung der Aufbau einer Organisation[38] nach den Kriterien des Sozialmanagements[39] gezeigt.

---

[35] So beschreibt beispielsweise Helmut Staiber(1997: 81ff.) anhand des Projekts „Lebensräume für Jung und Alt" die Entwicklung und Umsetzung einer finanziellen Planung und Gestaltung im Sinne eines sozialen Managements. Beispiele einer gelungenen Kombination von Sozialer Arbeit und Management finden sich unter anderem auch in Rainer Öhlschläger/Hans Martin Brüll (1996: 81-162).

[36] Hinzuweisen ist hier zum Beispiel auf das Buch von Rainer Biesenkamp (1993), das neben den Prinzipien der Organisationsentwicklung anregende Beispiele für die Umsetzung dieses Prinzips in die verschiedenen Praxisfelder vorstellt.

[37] Siehe Gerd Gehrmann/Klaus D. Müller (1993: 225-250): Management in sozialen Organisationen; oder: Erwin Müller (1995: B2.3): Handbuch Sozialmanagement.

[38] Siehe Hans Dietrich Engelhardt (1995: 61-139): Organisationsmodelle: Ihre Stärken – ihre Schwächen.

Demgegenüber liegen kaum fundierte Erfahrungen darüber vor, wie in der alltäglichen Praxis sozialer Einrichtungen Sozialmanagement-Konzepte rezipiert und umgesetzt werden. Wie sich die „breite Masse" der Einrichtungen in frei-gemeinnütziger Trägerschaft zu den vorliegenden Ansätzen des Sozialmanagements verhalten, ist bislang kaum erforscht. Dabei sind Informationen darüber, bei wem in welcher Weise Konzepte des Sozialmanagements in der tagtäglichen Praxis der sozialen Einrichtungen umgesetzt werden, gerade auch für die Konzeptentwicklung selbst wesentlich und nützlich, weil an der Umsetzung und Adaption erkannt werden kann, ob und wie diese Ansätze im Alltag die Wirklichkeit verändern, ob sie sich bewähren oder ob sie sich im Hinblick auf die Probleme des Alltags als eher unbrauchbar herausstellen.

Zweck der von mir durchgeführten und im folgenden vorgestellten Erhebung war es, durch entsprechende Befragung von Verantwortlichen in Non-Profit-Einrichtungen im Sozialbereich Erkenntnisse darüber zu gewinnen, ob und wie das Sozialmanagement in der Praxis tatsächlich verankert ist.

1.1.1. Rezeption des Begriffs „Sozialmanagement" in den Einrichtungen

Zunächst interessierte mich die Frage, ob und in welcher Weise bzw. in welchem Zusammenhang die Mitarbeiter in den sozialen Einrichtungen den Begriff „Sozialmanagement" kennengelernt haben: Erlangten die Mitarbeiter hiervon eher zufällig Kenntnis? Erfuhren sie darüber Näheres durch eigene Weiterbildung? Oder erfolgte die erste Begegnung mit diesem Phänomen in einer organisierten Weiterbildungsmaßnahme im Rahmen der Organisation/Einrichtung? In diesem Zusammenhang versuchte ich herauszubekommen, was sie jeweils unter dem Begriff „Sozialmanagement" im einzelnen verstehen: Hat dieser Begriff bei den Mitarbeitern ein klares, unverwechselbares Profil? Oder ist er nicht vielmehr ein sehr disparater oder diffuser Begriff, unter den alle möglichen Änderungsbemühungen in der Einrichtung subsumiert werden?

---

[39] Beispielsweise Franz Decker (1997: 44-56).

1.1.2. Art und Umfang praktischer Umsetzung von Konzepten des Sozialmanagements

Neben der Rezeption des Begriffs „Sozialmanagement" stand im Zentrum meiner Erhebung die Frage, ob und in welcher Weise in der letzten Zeit in der betreffenden Einrichtung Veränderungsprozesse durchgeführt worden sind, die mit Prinzipien eines Managements in einer mehr oder weniger direkten Beziehung stehen, zum Beispiel mit Begriffen wie „Organisationsentwicklung", „Qualitätsmanagement", „Corporate Identity", „Organisationsstrukturen", „Führungsstil" o.ä. In diesem Zusammenhang befragte ich die Mitarbeiter danach, welche Maßnahmen im Rahmen einer Umgestaltung jeweils durchgeführt worden sind, wann diese begonnen und beendet worden sind, wie diese im einzelnen beschaffen waren und welche Auswirkungen sie auf die Aufbau- und Ablauforganisation hatten.

Ein weiterer Gegenstand meines Interesses war die Außenwirkung derartiger Veränderungsprozesse, die – in den Augen der Mitarbeiter – mit den entsprechenden Management-Maßnahmen in Beziehung standen. Gefragt habe ich sie also danach, wie sich der Träger der Einrichtung, die Klienten ferner die Öffentlichkeit, die Kommune, der Kostenträger, die Aufsichtsbehörde usw. zu dieser Veränderung stellten. Auf diese Weise wollte ich Anhaltspunkte dafür gewinnen, wie die jeweiligen Maßnahmen der Einrichtungen einzuschätzen sind.

1.1.3. Beurteilung der Umsetzung durch die Mitarbeiter

Ein dritter Schwerpunkt der Befragung bildete die Rezeption und Beurteilung entsprechender Management-Konzepte durch die Mitarbeiter der betreffenden Einrichtung. Schließlich hängt es in erster Linie von der Akzeptanz durch die Mitarbeiter auf den verschiedenen Ebenen der sozialen Einrichtungen ab, wie die Änderung von Maßnahmen mit Hilfe von Konzepten des Sozialmanagements gelingt. Für die erfolgreiche Durchführung und Beendigung solcher Maßnahmen ist es von allergrößter Bedeutung, wie diese sich dazu intellektuell und emotional verhalten, die jeweiligen Maßnahmen und die Art ihrer Durchführung beurteilen.

1.1.4. *Mitarbeiterschulung*

Um ermitteln zu können, inwieweit die Mitarbeiter in die Maßnahmen des Sozialmanagements auch auf der praktischen Ebene einbezogen waren, habe ich in einem letzten Frageschwerpunkt nach Art und Umfang der Beteiligung der Mitarbeiter an Ausbildungs- und Fortbildungsmaßnahmen zu Themen des Sozialmanagements gefragt. Den Hintergrund für dieses Interesse bildet die Tatsache, daß für die Verankerung und nachhaltige Wirkung solcher Konzepte die Motivation und der Einbezug der Mitarbeiter nicht nur auf der unmittelbaren Leitungsebene, sondern auch im Mittelbau der Einrichtungen unabdingbar ist. Am Umfang der Partizipation der Mitarbeiter, etwa anhand von Schulungen und Workshops, lassen sich Rückschlüsse auf die Intensität der Anwendung von Sozialmanagement-Konzepten in einer sozialen Einrichtung ziehen.

1.2. ABLAUF DER BEFRAGUNG SOWIE AUSWAHL DER EINRICHTUNGEN

Aus einer größeren Anzahl von stationären und ambulanten sozialen Einrichtungen frei-gemeinnütziger Träger habe ich in Sachsen-Anhalt und Hessen nach dem Zufallsprinzip rund 100 Einrichtungen ausgesucht, an deren Leiter im Sommer 1998 der skizzierte Fragebogen versandt wurde. Jede Einrichtung erhielt einen Fragebogen, der von Mitarbeitern der Leitungsebene bearbeitet wurde. Ich habe ausschließlich offene Fragen gestellt, um möglichst aussagekräftige und facettenreiche Informationen und Daten zu gewinnen (siehe Fragebogen im Anhang). Mehr als zwei Drittel sandten den Fragebogen ausgefüllt zurück. Die Fragebögen habe ich nach dem Häufigkeitsprinzip ausgewertet. Die Tätigkeitsfelder der untersuchten Einrichtungen decken ein weites Spektrum der sozialen Dienstleistung ab. Als Tätigkeitsfeld bzw. Schwerpunktbereich der Hilfe und Unterstützung gaben die Einrichtungen die Bereiche „Altenpflege" und „Seniorenberatung", „allgemeine ambulante Pflege", „Krankenpflege", „Betreuung von Wohnungslosen", „Schuldnerberatung", „Beratung von Langzeitarbeitslosen", „allgemeine Familienberatung und -Hilfe", „Betreuung geistig Behinderter" sowie „Kinder- und Jugendhilfe" an. Etwa ein Viertel der Einrichtungen hielten in mehr oder weniger gleichen Anteilen Angebote in mehreren der genannten Bereiche vor. Soweit konkrete Arbeitsfelder als ausschließlicher Arbeitsbereich oder als Tätigkeitsschwerpunkt genannt wurden, stach der Bereich der „Kinder- und Jugendhilfe" hervor. Bei etwa einem Drittel der einbezogenen Einrichtungen war dies der Fall. Die übrigen verteilten sich in etwa gleichmäßig auf die Felder „Altenpflege", „allgemeine ambulante Pflege", „Betreuung von Wohnungslosen" und „allgemeine Familienhilfe- und Betreuung".

Die Tätigkeitsfelder „Krankenpflege", „Schuldnerberatung", „Beratung von Langzeitarbeitslosen" und „Angebote für geistig Behinderte" waren in eher unterdurchschnittlichem Umfang repräsentiert.

Die Anzahl der Mitarbeiter in den Einrichtungen variierte ebenfalls deutlich. Etwa ein Viertel der Einrichtungen hatte zwischen zehn und 20 Mitarbeiter. Jeweils zwischen 10 und 15% der Einrichtungen hatten weniger als fünf Mitarbeiter, fünf bis zehn Mitarbeiter, 20 bis 30 Mitarbeiter bzw. 30 bis 50 Mitarbeiter. Nur sehr wenige Einrichtungen hatten zwischen 50 und 100 Mitarbeiter, während wiederum ein knappes Viertel mehr als 100 Mitarbeiter aufwies.

2. Ergebnisse und Analyse der Befragung

2.1. DIE REZEPTION DES BEGRIFFS „SOZIALMANAGEMENT"

Von den befragten Mitarbeitern gaben nahezu alle – mit einer einzigen Ausnahme – an, den Begriff „Sozialmanagement" schon einmal gehört zu haben.[40] Von einer allgemeinen Bekanntheit des Begriffs in den sozialen Einrichtungen kann aufgrund des eindeutigen Resultats der Befragung ausgegangen werden, auch wenn ich nur einen Teil der in der Bundesrepublik engagierten ambulanten und stationären sozialen Einrichtungen in frei-gemeinnütziger Trägerschaft berücksichtigt habe. Festgestellt werden kann somit auch, daß die Professionalisierungsdebatte (siehe Teil I, Abschnitt1.1.) sicherlich nicht nur eine abgehobene akademische Veranstaltung war, sondern vielmehr mit einer Intensität geführt worden und von einer Durchschlagskraft gewesen ist, die offensichtlich den weiten Bereich des Praxisfelds der Einrichtungen erreicht hat, geprägt hat und prägt. Hinweise hierauf ergaben sich auch im einzelnen aus der Art und Weise, wie und in welchem Zusammenhang die Mitarbeiter der Organisationen dem Begriff „Sozialmanagement" begegnet sind. Bei der Befragung ergab sich nämlich, daß schwerpunktmäßig im Zusammenhang mit Fortbildungsveranstaltungen, Schulungen, Seminaren und Literaturstudien die Mitarbeiter der Einrichtungen erstmalig mit diesem Begriff konfrontiert worden waren.

In einem erheblichen Umfang (Mehrfachnennungen waren selbstverständlich möglich) gaben die befragten Teilnehmer der Untersuchung auch an, in Diskussionen, die innerhalb ihrer Einrichtung geführt wurden, den Begriff „Sozialmanagement" gehört zu haben. In einem eher unterdurchschnittlichen, jedoch nicht geringfügigen Umfang hatten sich die Teilnehmer der Befragung mit dem Begriff auch erstmalig bereits im Studium befaßt. Dies erscheint auch nachvollziehbar, da sich die Beschäftigung mit Konzepten des Sozialmanagements in den Studien- und Ausbildungsverläufen der einschlägigen Einrichtungen in den

---

[40] Bei der Einrichtung, deren Mitarbeiter den Begriff „Sozialmanagement" noch nicht bewußt wahrgenommen hatten, handelt es sich um einen Verein ehrenamtlich tätiger Helfer.

letzten Jahren in zunehmendem Maße ausgeweitet hat. Gerade jene Mitarbeiter, die ihre Ausbildung erst in jüngerer Zeit beendet haben, haben daher schon Konzepte, Problemstellungen und Frageschwerpunkte zu dem Themenkreis „Sozialmanagement" in die praktische Arbeit sozialer Einrichtungen hineingetragen, die ihnen im Rahmen ihrer beruflich-wissenschaftlichen Ausbildungen vermittelt worden sind. Da ein erheblicher Anteil der Befragten zudem angab, im Rahmen der internen Diskussion ihrer Einrichtung von dem Begriff „Sozialmanagement" erfahren zu haben, läßt sich annehmen, daß die so Ausgebildeten für eine weitere Verbreitung des Begriffs sorgten. Der darüber entstehende Multiplikationseffekt ist sicherlich nicht von der Hand zu weisen. Demgegenüber fällt auf, daß die Sozialarbeiter/Sozialpädagogen ihre ersten Kenntnisse über den Begriff des „Sozialmanagements" praktisch wenig oder so gut wie gar nicht innerhalb der unmittelbaren tatsächlichen Arbeit bzw. ihrer praktischen Planung oder ihrer Bezüge zu den Klienten, den Kommunen und sonstigen Multiplikatoren öffentlicher Meinung gewonnen haben. Nur in ganz seltenen Fällen begegnete den Befragten der Begriff „Sozialmanagement" nämlich im Zusammenhang mit der eigenen „Organisationsentwicklung". Lediglich einmal wurde der Fall genannt, daß der Begriff „Sozialmanagement" in Zusammenhang mit der Akquisition von Mitteln bzw. der Etatplanung aufgetaucht ist bzw. wichtig ist. Damit ist nicht ausgeschlossen, daß in den verschiedenen Einrichtungen der befragten Mitarbeiter möglicherweise Konzepte des Sozialmanagements bereits praktiziert wurden oder eingeführt wurden, ohne von den beteiligten Mitarbeitern jedoch als solche identifiziert worden zu sein. An den Antworten der befragten Mitarbeiter läßt sich jedenfalls verdeutlichen, daß die Implementation des Begriffs „Sozialmanagement" in den sozialen Einrichtungen sich weniger aus den Vorgaben und Notwendigkeiten der Praxis des Alltags und den Zusammenhängen mit Kommunen, Öffentlichkeit und Klienten ergibt als vielmehr aus den Verbindungen zu den Bereichen „Aus- und Weiterbildung", aus der akademischen Diskussion bzw. der wissenschaftlichen Reflexion der Tätigkeit sozialer Einrichtungen. Dieser Bereich ist die originäre Quelle für die relativ hohe Bekanntheit dieses Begriffs. Nach meiner Auswertung ergibt sich ein Schwerpunkt im Zusammenhang mit Fortbildungsveranstaltungen, in denen die Sozialarbeiter/Sozialpädagogen diesen Begriff erstmals kennengelernt haben. Darüber hinaus gaben die Befragten in signifikanter Häufigkeit an, durch das Studium oder durch das Studium der Literatur und in fachlichen Diskussionen Kenntnisse darüber erlangt zu haben. Die Untersuchung beweist, daß die Diskussion über Sozialmanagement mittlerweile offenbar zu einer Implementation dieses Begriffs auch in der alltäglichen Praxis sozialer Einrichtungen geführt hat. Die Antworten machen deutlich, daß der Bekanntheitsgrad von Sozialmanagement groß ist und daß unter den praktisch tätigen Sozialarbeitern darüber diskutiert wird, diese Kategorie also Eingang in den fachlichen Diskurs gefunden hat. Wenig gesagt ist an dieser Stelle freilich, was unter „Sozialmanagement" im einzelnen verstanden wird. Um hier mehr Klarheit zu schaffen, wurden die Mitarbeiter gebeten darzustellen, was für sie dieser Begriff bedeutet.

2.2. Verständnis von „Sozialmanagement" in den Einrichtungen

Praktiker sollten also beschreiben, wie sie „Sozialmanagement" verstehen und begreifen. Da eine schlüssige Definition des Begriffs noch nicht vorliegt bzw. dieser in der wissenschaftlichen Diskussion noch sehr disparat und unterschiedlich gebraucht wird (siehe hierzu Teil I, Abschnitt 3.3.), konnten von daher weder Antworten erwartet werden, die das Verständnis von „Sozialmanagement" im Sinne einer gesicherten Definition wiedergeben, noch konnte angenommen werden, daß sich ein typisches oder einheitliches Verständnis dieses Begriffs ergeben würde. Die Erwartung war hier, Aufschlüsse zu bekommen, welche Vorstellungen darüber bei Praktikern der Sozialen Arbeit zu finden sind, nicht zuletzt um daraus Impulse und Rückschlüsse für die theoretische Befassung mit dem Begriff zu erhalten. Diese Erwartung erfüllte das Ergebnis der Befragung jedoch nur auf den ersten Blick. Zwar wurde in den Antworten eine Vielzahl von Bestimmungen dessen wiedergegeben, was „Sozialmanagement" sein sollte oder könnte. Dennoch war erkennbar, daß die Antworten eindeutig Resultat von theoretischer Befassung sind, von Reflexionen, wie sie in Studium und Literatur zu finden sind. Und noch etwas wurde sichtbar: Es gibt große Erwartungen seitens der „Praxis" an die Konzepte des Sozialmanagements: Sie sollen Mittel sein, die drängenden Probleme besser zu bewältigen.
Folgende Nennungen fielen in diesem Zusammenhang in erster Linie auf:

(a) Sozialmanagement als Versuch, fachliche Flexibilität herzustellen,

(b) als ein Ansatz, ganzheitliche Lösungen für die Probleme der Praxis zu finden,

(c) vernetztes Denken zu praktizieren,

(d) als Versuch eines zielorientierten professionellen Handelns,

(e) als Organisation von Strukturen menschlicher Beziehungen im Sinne einer Professionalisierung von Leitung und Führung,

(f) als Versuch der Effizienzerhöhung,

(g) als Qualitätssicherung,

(h) als Budgetierung,

(i) als Controlling,

(j) als Mittel der Erhaltung der Organisation unter veränderten Rahmenbedingungen, insbesondere unter finanziellen Zwängen.

Deutlich wird hier ein weiteres Mal, daß Sozialmanagement-Konzepte bekannt sind und Sozialarbeiter, die praktisch tätig sind, offenbar über eine Vielzahl von Bestimmungen von Sozialmanagement verfügen. Wenngleich von daher zunächst ein weites Spektrum von Vorstellungen bzw. Bestimmungen über den Begriff „Sozialmanagement" festzustellen war, so definierten die Befragten „Sozialmanagement" zum ganz überwiegenden Teil als ein Konzept zur Organisierung von Strukturen mitmenschlicher Beziehungen und Sozialer Arbeit. Der weitaus größte Teil der Befragten verbindet mit „Sozialmanagement" Konzepte, Techniken und Methoden für eine wirkungsvollere Führung und Leitung der Einrichtung und erhofft sich darüber vermittelt Möglichkeiten zur Verbesserung der Arbeitsbedingungen der Mitarbeiter, die sich dann auch in einer qualitativ besseren Arbeit mit den Klienten niederschlagen. Die zu diesen Erwartungen gehörenden Antworten waren äußerst aufschlußreich. Ein Teil von diesen bezog sich nämlich auf die Beschreibung dieses „Organisationsprozesses", wie z.B. in folgenden Stichworten:

(a) Qualifizierung und Modernisierung verbandlicher Strukturen und sozialer Dienstleistungen,

(b) Steuerungsmodelle Sozialer Arbeit in einer modernen Organisationsstruktur,

(c) bewußter Umgang mit Leitung, Führungs- und Planungstechniken,

(d) Entwicklung und Umsetzung von Organisationsstrukturen im sozialen Bereich,

(e) Qualifizierung der eigenen Arbeit, also auch der Arbeit der Einrichtung,

(f) höhere Mitarbeitermotivation,

(g) mehr Transparenz für den Klienten,

(h) profiliertes und qualifiziertes Leiten – ganzheitlicher Ansatz,

(i) neue Steuerungsinstrumente im Sozialbereich.

Der andere Teil der Mitarbeiter, in der Anzahl den Erstgenannten durchaus vergleichbar, die diese Frage beantworteten, beschrieb die Organisations- und Steuerungskonzepte sehr detailliert und präzise. Hierfür sind folgende Antworten beispielhaft:

„Die gelungene organisatorische Bewältigung von Sozialer Arbeit: Kundenorientierung, Effizienz, Kompetenz, ausgewogenes Kosten-Nutzenverhältnis, Zukunftsorientierung, Managementkenntnisse aus freier Wirtschaft nutzen, verbesserte Strukturen, Transparenz der Prozeßabläufe, Qualitätsoptimierung und – Sicherung, Ressourcenförderung und – Nutzung, Mitarbeitermotivation durch größere Transparenz, Bedarfsanalyse/Angebotsanpassung, Nutzen vorhandener Ressourcen (professioneller und nichtprofessioneller), Verantwortung für alle Beteiligten, Organisationsentwicklung, ökonomische Steuerung sowie Personalführung und – Entwicklung, auf Soziale Arbeit bezogene Planung (Bedarfsorientierung, Budgetverantwortung), Koordination (Synergieeffekte, Gemeinwesenbezug), Kontrolle (Qualität, Fortbildung)."

Die in diesem Zusammenhang ausführlichste Antwort lautete wie folgt: „Personalführung: Impulse setzen, gemeinsame Philosophie erarbeiten, alle Mitarbeiter an Entscheidungen beteiligen, Eigenbewegung zulassen. Vertrauen entwickeln und fördern, Raum und Zeit zulassen, Interessen und Fähigkeiten fördern, entwickeln und unterstützen, um auf dieser Basis gemeinsam erarbeitete pädagogische Ziele in die Praxis umzusetzen um so eine hohe Identifikation der Mitarbeiter mit den Zielen der Konzeption zu erreichen; Fürsorgepflicht, Störungen aufgreifen und kreative Lösungen finden; gegenseitige Wertschätzung und Akzeptanz fördern, die Förderung der Kompetenz der Mitarbeiter durch regelmäßige Teilnahme an Fortbildungen. Kooperation mit den Eltern und der Schule, dem Frauenhaus und dem Altenheim. Zusammenarbeit mit dem Kinder- und Jugendhaus. Im gleichen Haus: Hausaufgabenbetreuung, regelmäßige Kontakte pflegen mit der im gleichen Haus ansässigen Polizei. Zusammenarbeit mit dem Stadtteilarbeitskreis um die Lebenssituation der Kinder und Jugendlichen im Stadtteil zu verbessern, Teilnahme an den Stadtteilfesten. Organisationsentwicklung: Jahresplanung, Monats- und Tagesplanung, Überwachung des Budgets nach ökonomischen Gesichtspunkten, sorgfältige Beitragsführung und Überwachung einer optimalen Auslastung der Kindergartenplätze." Als Zwischenresultat läßt sich festhalten: Der überwiegende Teil der Antworten spiegelt auf seiten der Praktiker ein Verständnis von „Sozialmanagement" wider, das zahlreiche Bestimmungen von diesem Begriff enthält, allerdings Divergenzen hinsichtlich der Exaktheit und Vollständigkeit dieses Begriffs aufzeigt. Insoweit ergeben sich Anforderungen an die wissenschaftliche Diskussion, detaillierter zu vermitteln, was „Sozialmanagement" auszeichnet und was Sozialmanagement-Konzepte für die Praxis der Einrichtungen leisten können. Bemerken sollte man, daß auch bei dem Teil der Antworten, die den Begriff eher vage beschreiben, diese jedenfalls im Kern ein adäquates Verständnis des Umstands widerspiegeln, daß es sich bei Konzepten des Sozialmanagements nicht um ein statisches Erfolgsrezept handelt, sondern vielmehr um einen dynamischen Prozeß, der gestaltet werden muß. Dies läßt sich nämlich nicht nur an den gegebenen Antworten ablesen, die diese Konzepte als Organisation von Strukturen menschlicher Beziehung im weiteren Sinne definieren und die vorstehend schon im einzelnen dargestellt worden sind. Auch die weiteren Antworten, die auf die Beschreibung von Sozialmanagement als Methode fachlicher Flexibilität zielen, Sozialmanagement als ganzheitliche Lösung, als Versuch beschreiben, in Netzwerkkategorien zu denken oder die bei der Bestimmung des Begriffs, den Schwerpunkt auf die Herstellung zielorientierten Handelns sowie auf Qualitätssicherung und Effizienzerhöhung legen, geben zu erkennen, daß ein Wissen um das Erfordernis der Ressourcenmobilisierung in der sozialen Organisation vorhanden ist, ein Sozialmanagement also wesentlich auch als Gestaltungsaufgabe von den Mitarbeitern begriffen wird. Jedoch wurden selten Antworten gegeben, die darauf zielen, „Sozialmanagement" explizit als Reaktion auf äußere Anforderungen, insbesondere auf die Einschränkung finanzieller Ressourcen zu beschreiben, obgleich diese Hinsicht in einigen Antworten unterstellt ist, wenn zum Beispiel Budgetierung und Controlling als wesentliche Ansätze von Sozialmanagement dargestellt werden. Relativ selten jedoch begriffen die Mitarbeiter Sozialmanagement als Reaktion auf finanzielle Zwänge. In einigen Antworten finden sich Hinweise, die zum Beispiel festhalten, daß die Organisation in ihrem Bestand gefährdet ist, die Erfüllung der Aufgaben, aus finanziellen Gründen, tendenziell verunmöglicht wird, wenn nicht mit der Anwendung von Management-Konzepten dieser Entwicklung entgegen gesteuert wird.

Während in der theoretischen Auseinandersetzung Sozialmanagement-Konzepte wesentlich als Antwort auf Herausforderungen gesamtökonomischer und politischer Veränderungen begriffen werden, die auf soziale Einrichtungen mehr oder weniger zwanghaft wirken, wird von den Mitarbeitern in den Einrichtungen dieser Umstand als Motiv für die Einführung von Ansätzen des Sozialmanagements weniger thematisiert. Die Umsetzung von Management-Konzepten wird eher schon als Erfordernis der eigenen Praxis erlebt und weniger als Konsequenz fremder Anforderungen, sozusagen der Einrichtung „von außen" auferlegter und ihr zunächst einmal äußerlicher. Hierin spiegelt sich möglicherweise durchaus das gesunde Selbstbewußtsein der Mitarbeiter der Einrichtungen, eigenständig die entsprechenden Antworten auf die Probleme finden zu wollen, die aus ihrer Sicht anstehen bzw. sich aus ihrer Praxis ergeben. Dennoch bleibt festzuhalten: Auch wenn der Bezug auf die Rahmenbedingungen Sozialer Arbeit als ein Ausgangspunkt für Sozialmanagement „vergessen" ist, kann das sichtbar werdende Verständnis als Indiz für eine Verankerung von Sozialmanagement-Ansätzen in der Praxis gewertet werden.

Hierbei gibt es allerdings eine gravierende und deutlich feststellbare Ausnahme:

Von den befragten Mitarbeitern der sozialen Einrichtungen, die sich in den neuen Bundesländern befinden, betrachten nahezu alle explizit die Einführung von Konzepten des Sozialmanagements als Versuch einer Antwort auf finanzielle Zwänge. Es kann daher festgehalten werden, daß offensichtlich die Befragten in den neuen Bundesländern diesen Aspekt als signifikant und für Sozialmanagement typischen Beweggrund auffassen. Es kann in diesem Zusammenhang nicht im einzelnen verfolgt werden, aufgrund welcher Umstände diese Auffassung der Mitarbeiter in den Einrichtungen in den neuen Bundesländern so häufig anzutreffen ist. Hierüber wäre eine gesonderte Untersuchung zu führen. Nach der „Wende" waren die dortigen Einrichtungen Reorganisations- und Veränderungsprozessen ausgesetzt. Es steht daher zu vermuten, daß die Mitarbeiter der dortigen sozialen Einrichtungen sowohl aus dem zeitlichen als auch dem inhaltlichen Zusammenhang der Umbruchsituation nach dem Untergang der DDR und der sich hieraus für sie ergebenen finanziellen Probleme[41] mit dem Aufkommen der Diskussion über „Sozialmanagement" diese Konzepte zuvörderst als Möglichkeit für die Bewältigung finanzieller Drangsale begreifen.

2.3. DIE EINFÜHRUNG VON SOZIALMANAGEMENT-KONZEPTEN IN DEN EINRICHTUNGEN

Die Frage, ob in ihrer Einrichtung managementtypische Veränderungsprozesse herbeigeführt worden waren, wurde von nahezu allen Mitarbeitern bejaht. Lediglich zwei erklärten, daß derartige Managementkonzepte innerhalb ihrer Organisationen nicht eingeführt worden seien. Hieraus läßt sich schlußfolgern, daß es sich bei der Frage der Einführung von Konzepten des Managements in sozialen Einrichtungen nicht um eine akademische Diskussion handelt, die an der Praxis vorbeigeht, sondern daß die Beteiligten der sozialen Einrichtungen derartige Ansätze offensichtlich auch mit einer erheblichen Selbstverständlichkeit handhaben.

An dieser Stelle ist allerdings noch nicht geklärt, ob und inwiefern die Einführung derartiger Maßnahmen das Selbstverständnis und den Anspruch, den eine soziale Einrichtung bezüglich ihrer Dienstleistung hat, tangiert oder ob und in welcher Hinsicht bei Sozialarbeitern/Sozialpädagogen Distanz bzw. Berührungsängste bei der Frage der Einführung und Umsetzung von Management-Prinzipien vorhanden sind (siehe dazu Teil I, Abschnitt 1.1.). Zu verzeichnen ist, daß diese Frage in der alltäglichen Praxis offensichtlich keine Relevanz mehr besitzt, zumindest aber die Verantwortlichen in den Organisationen nicht daran gehindert hat, derartige Management-Prinzipien einzuführen.[42]

2.3.1. *Der zeitliche Rahmen der Einführung von Sozialmanagement-Konzepten in den Einrichtungen*

Hinsichtlich der Frage, wann Konzepte des Sozialmanagements in den Einrichtungen eingeführt worden sind, ergaben die Antworten, daß bei einem kleinen Teil ca. 10 bis 15% der Einrichtungen derartige Maßnahmen schon vor 1990 oder im Jahre 1990 eingeführt worden sind. Signi-

---

[41] Die Umbruchsituation und die damit einhergehenden Umwälzungen in den neuen Ländern beschreibt Helga Scharkoff (1993: 82-89).

[42] Dennoch oder gerade deswegen halte ich es für notwendig, Vorbehalte diesbezüglich zu thematisieren und zu diskutieren, nicht zuletzt um den Beteiligten in den Einrichtungen in dieser Frage ein solides theoretisches Fundament zu vermitteln (siehe Teil I, Kapitel 2.).

fikant war in diesem Zusammenhang, daß es sich bei den wenigen Einrichtungen, deren Mitarbeiter schon vor dem Jahr 1990 derartige Management-Konzepte eingeführt hatten, fast ausschließlich um Großorganisationen mit 50 oder mehr Mitarbeitern handelte, teilweise sogar um Organisationen mit mehreren hundert Mitarbeitern. Bei Einrichtungen von mittlerer bis eher kleinerer Größe mit 10 bis 50 Mitarbeitern wie auch bei Einrichtungen mit weniger als zehn Mitarbeitern läßt sich jedoch hinsichtlich des Zeitpunkts der Einführung von Konzepten des Managements nach den gegebenen Antworten in signifikanter Weise feststellen, daß hier die Maßnahmen erst zu Beginn der 90er Jahre eingeführt worden sind, und zwar zunächst in eher geringem Umfang und dann von Jahr zu Jahr in den Jahren 1993 bis 1996 ansteigend, während in den Jahren seit 1997 die Anzahl der Einrichtungen wieder abnimmt, in denen derartige managementtypische Veränderungsprozesse neu installiert worden waren. Die Verantwortlichen von etwa 10 bis 15% der Einrichtungen haben in den Jahren 1991 bis 1993 bzw. in den Jahren 1997 bis 1998 derartige Prinzipien eingeführt. Schwerpunktmäßig erfolgte die Einführung in den Jahren 1994 bis 1996, in denen insgesamt in mehr als der Hälfte aller Einrichtungen derartige Management-Prinzipien erstmalig praktiziert wurden. Es ist festzuhalten, daß die Veränderungen im Bereich der Sozialen Arbeit, die seit Beginn der 90er Jahre festzustellen waren, gerade in Einrichtungen mittlerer Größe dazu geführt haben, daß dort verstärkt Managementprozesse initiiert worden sind, während in den Großeinrichtungen mit mehr als 50 oder sogar mehr als 100 Mitarbeitern bereits viel früher Management-Prinzipien eingeführt wurden. Ein Grund dafür könnten Organisationserfordernisse sein, die sich aus der Größe der Einrichtung ergeben. Daß andererseits in dem Zeitraum seit Beginn der 90er Jahre zudem auch Einrichtungen derartige Prozesse in Gang gebracht haben, die über eher wenige Mitarbeiter (weniger als zehn) verfügen, zeigt, daß seitens der Verantwortlichen Sozialer Arbeit auf Anforderungen reagiert worden ist, die managementtypische Maßnahmen erforderlich gemacht haben, die sich nicht aus der rein größenmäßigen Anzahl der Mitarbeiter ergeben. Dies werte ich als weiteren Beleg für die Fragwürdigkeit des Vorwurfs an die Adresse Sozialer Arbeit, die Beteiligten hätten nicht früh genug oder nicht flexibel genug auf Veränderungen der Rahmenbedingungen und auf Erfordernisse zur notwendigen Absicherung ihrer Dienstleistung reagiert (siehe Teil I, Kapitel 2.).

2.3.2. Die Einführung von Sozialmanagement-Konzepten in den Einrichtungen

Folgende Schwerpunkte hinsichtlich der Anwendung von Management-Modellen und Konzepten in den Organisationen kristallisierten sich in den Antworten heraus: Die Beteiligten in den Einrichtungen entschieden sich für Management-Konzepte zur

(a) Verbesserung der Organisationsstrukturen,
(b) Verbesserung der Führung bzw. des Führungsstils,
(c) Verbesserung der Qualität der Dienstleistungen,
(d) Organisationsentwicklung.

Mehr als die Hälfte der Befragten nannten die Organisationsentwicklung als das Management-Konzept, das in ihrer Organisation eingeführt und umgesetzt worden war. Fast die Hälfte der Mitarbeiter erklärten, daß auch im Bereich der Leitbildentwicklung, der Corporate Identity und der Öffentlichkeitsarbeit Management-Prinzipien umgesetzt werden. Ein hoher Anteil der Mitarbeiter gab an, ein Qualitätsmanagement in ihrer Organisation eingeführt zu haben bzw. gerade einzuführen. Aus diesen Befunden ergibt sich, daß die Verantwortlichen einerseits Handlungsbedarf bei der Entwicklung der Organisation im allgemeinen sahen und den Defiziten mit Konzepten des Sozialmanagements begegneten. Andererseits war das Selbstverständnis bzw. die Selbstdarstellung der Organisation und die Gestaltung ihrer Außenbeziehungen für die Beteiligten ein Gegenstand diese mit Management-Prinzipien zu verbessern. Während mithin in den Organisationen schwerpunktmäßig die Gesamtentwicklung der Organisation und die Vertretung bzw. ihr Erscheinungsbild nach außen als wichtige zu bearbeitende Punkte von den Verantwortlichen der Einrichtungen erkannt wurden, stellte sich dies im Hinblick auf bestimmte Einzelmaßnahmen bzw. auf Segmente der Tätigkeit der Non-Profit-Organisation im Sozialbereich anders dar. So wurden spezielle Organisationsbereiche der Arbeit in der sozialen Einrichtung wie etwa Projektmanagement, Budgetierung, Personalqualifizierung oder auch Personalmanagement zwar ebenfalls als Bereiche genannt, in denen Managementprozesse eingeführt worden waren; die Häufigkeit derartiger Nennungen stand jedoch in einer signifikanten Diskrepanz zu den vorher erläuterten Bereichen von Qualitätsmanagement, Organisationsentwicklung und Corporate Identity.

Festzuhalten bleibt, daß Anlaß und Grund für die Entscheidung der Leitung Management-Konzepte einzuführen, in erster Linie die Gesamtstruktur der Einrichtung und ihr Erscheinungsbild nach außen ist.

2.3.3. Die Einführung von Management-Prinzipien in den Einrichtungen

Die Auskünfte hierzu waren äußerst vielschichtig und wiesen kaum Übereinstimmungen auf, die Schlüsse auf besonders oft durchgeführte Maßnahmen gestatten. Festzustellen war, daß die jeweils durchgeführten Prinzipien auch keine signifikante Unterscheidung der Einrichtungen hinsichtlich ihres jeweiligen Aufgabenspektrums zuließen. Freigemeinnützige Träger, die vorwiegend Dienstleistungen im Kinder- und Jugendhilfe-Bereich anbieten, unterschieden sich hinsichtlich der Entscheidung zur Einführung und Auswahl von Management-Prinzipien nicht adressatentypisch von anderen, die beispielsweise Betreuungsangebote für Wohnungslose, Langzeitarbeitslose oder geistig Behinderte vorhalten oder von Dienstleistern, die Krankenpflege anbieten. Die eingeleiteten Maßnahmen waren in diesem Sinne „klientenneutral".
Ähnliches läßt sich auch für die Größe der Einrichtungen sagen. Wenngleich natürlich Maßnahmen des Sozialmanagements in Organisationen mit einer größeren Anzahl von Mitarbeitern etwa eine größere Bedeutung für einen strafferen Betriebsablauf haben, so heißt dies gleichwohl nicht, daß nur in Organisationen ab einer bestimmten Mitarbeiteranzahl bestimmte Maßnahmen durchgeführt und in Einrichtungen mit einer geringeren Mitarbeiteranzahl auf die Einführung und Anwendung derartiger Prinzipien verzichtet wird.
Hinsichtlich der Einführung und Anwendung einzelner Prinzipien des Sozialmanagements in den Einrichtungen ergab sich ein breit gefächertes Bild. Folgende Aktivitäten wurden u.a. genannt:
(a) Durchführung von Befragungen von Klienten und Mitarbeitern,
(b) Erstellung von Handbüchern,
(c) Formulierung und Erschließung neuer Aufgabenfelder,
(d) Reorganisation von Einrichtungsstrukturen,
(e) Einführung bereichsübergreifender Konferenzen,
(f) Stärkung der Verantwortung einzelner Mitarbeiter,
(g) Führung von Mitarbeitergesprächen,
(h) Dokumentation der Statistik,

(i) Verstärkung der Öffentlichkeitsarbeit,

(j) Verbesserung des Erscheinungsbildes.

Nach den Angaben der befragten Mitarbeiter gab es kaum einen Tätigkeitsbereich innerhalb der Einrichtung, in dem nicht mehr oder weniger Veränderungen auf Basis von Konzepten des Sozialmanagements vorgenommen worden waren. Erkennbar war in diesem Zusammenhang auch, daß nicht jede Einrichtung die in Rede stehenden Maßnahmen im Hinblick auf die Einführung von Sozialmanagement-Konzepten überprüft hat. Warum in welcher Einrichtung diese oder jene managementtypische Veränderung in den verschiedenen Arbeitsbereichen von den Beteiligten ins Auge gefaßt worden war, läßt sich daher wohl immer nur vor dem jeweiligen Problemhintergrund der einzelnen Einrichtung für sich genommen betrachten und beurteilen.

2.3.4. *Die Beurteilung von Sozialmanagement-Konzepten*

In diesem Zusammenhang fällt zunächst auf, daß ein beachtlicher Teil der Mitarbeiter keine oder nur sehr vage Antworten („nachher anders als vorher") gaben. Immerhin war bei knapp einem Drittel der Befragten festzustellen, daß sie kein eindeutiges Urteil über die Wirkungen der Management-Konzepte, die in ihrer Organisation umgesetzt worden waren hatten. Teilweise wurde dies damit begründet, daß die Einführung der Managementprozesse erst vor kurzem begonnen hat und es daher noch zu früh ist, die Auswirkungen dieser Veränderungen zu beurteilen. Ein nicht unerheblicher Teil der Befragten ließ diese Frage jedoch einfach unbeantwortet. Dies war sicher nicht auf Nachlässigkeit in der Beantwortung der Fragen zurückzuführen, da auch die Letztgenannten die anderen Fragen im übrigen sehr detailliert und sorgfältig beantwortet haben. Vielmehr scheint sich aus dieser Reaktion zu ergeben, daß hier eine Verbesserung und ausreichende Effizienz der durchgeführten Maßnahmen für die Mitarbeiter offensichtlich (noch) nicht feststellbar war. Hinsichtlich der Art der eingeführten Maßnahmen gab es keinen Unterschied zwischen den Einrichtungen bei denen die Mitarbeiter keine Veränderung feststellen konnten, gegenüber jenen, deren Mitarbeiter die Wirkungen der Einführung von Managementprozessen im einzelnen darstellen konnten. Auch in den Einrichtungen, deren Mitarbeiter einen Unterschied in der Arbeit nach Einführung der Managementmethoden nicht feststellen konnten, waren Methoden des Personalmanagements, des Qualitätsmanagements, der Organisationsent-wicklung oder der Leitbildentwicklung in gleicher Weise eingeführt worden wie in den anderen Einrichtungen, deren Mitarbeiter eine ein-deutige Wirkung feststellen und beschreiben konnten. Es ist daher an-zunehmen, daß bei den Einrichtungen, deren Mitglieder die Aus-wirkung derartiger Methoden eher vage beurteilt haben, dies auf die Art und Weise der Durchsetzung der Strukturveränderungsprozesse zu-rückzuführen ist, oder aber die Umsetzung der anvisierten Prinzipien schlicht nicht gelungen ist.

Es scheint von daher sinnvoll, auch in der weiteren Diskussion ein Au-genmerk auf die Evaluation der Umsetzung der jeweiligen Manage-ment-Konzepte in den sozialen Einrichtungen zu richten, da hier offensichtlich Verbesserungen in der Art und Weise der Einführungen derartiger Methoden noch zu erreichen sein dürften.

Soweit allerdings die Befragten eine eindeutige Beschreibung der Ver-änderungen der Situation in der Einrichtung vor und nach Einführung managementtypischer Ansätze gegeben haben, wurde die Situation nach Einführung derartiger Maßnahmen von einem ganz überwiegen-den Teil positiv beurteilt.

Nur in sehr wenigen Fällen – weniger als 10% – beschreiben die Mitar-beiter negative Auswirkungen in dem Sinn, daß ein Mehr an Konkur-renz unter den Mitarbeitern einerseits und zwischen der Führungsebene und den Mitarbeitern andererseits für sie feststellbar ist. Als weitere für die Organisation ungünstige Wirkung gaben sie eine allgemeine Ver-teuerung der Arbeit an. Häufiger wurde in diesem Zusammenhang be-merkt, daß die Einführung derartiger Maßnahmen zu einem administra-tiven oder organisatorischen „Chaos" geführt hat. Wenn überhaupt, so war bei den negativen Auswirkungen der Maßnahmen der letztgenannte Aspekt am bedeutsamsten.

Auch dies stellt möglicherweise ein Indiz für die vorstehend, schon er-läuterte Annahme dar, daß es in manchen sozialen Einrichtungen mög-licherweise Probleme mit der Umsetzung und der effektiven Organisie-rung der Einführung von Managementstrukturen gibt und die Beteilig-ten hier möglicherweise theoretischer oder praktischer Hilfestellung bei der tatsächlichen Einführung derartiger Maßnahmen bedürfen.

Die genannten Probleme sollen indes nicht den Blick dafür verstellen, daß von der überwiegenden Mehrzahl der befragten Mitarbeiter die Si-tuation nach Einführung managementtypischer Veränderungsprozesse durchaus als positiv beschrieben wurde. Nahezu zwei Drittel aller Befragten haben sich in diesem Sinne geäußert. Hervorgehoben wurden insbesondere:

(a) eine bessere Kommunikation zwischen Führung und Mitarbeitern,

(b) eine bessere Kommunikation unter den Mitarbeitern,

(c) eine bessere Dienstleistung,

(d) ein effizienteres Arbeiten,

(e) signifikante praktische Erfolge der Organisation.

So konnten beispielsweise die Sozialarbeiter/Sozialpädagogen einer Einrichtung, die sich für die Betreuung von Wohnsitzlosen engagieren, durch verbesserte Koordination der Arbeit im Zusammenhang mit allen Beteiligten schon im Vorfeld eines drohenden Wohnungsverlustes die Häufigkeit derartiger Wohnungsverluste um 50% senken, mit entsprechenden Kosteneinsparungen für alle Beteiligten.

Positiv vermerkt wurde nach den Veränderungen innerhalb der Organisation außerdem:

(a) eine größere Transparenz der Strukturen der Organisation,

(b) eine klarere Verteilung und Festlegung der Kompetenzen,

(c) eine flachere Hierarchie.

Überdurchschnittlich häufig waren Antworten, die folgende Hinsichten nannten:

(a) eine stärkere Motivation der Mitarbeiter,

(b) ein größere Selbständigkeit der Mitarbeiter,

(c) eine höhere Qualität der Leistung,

(d) eine bessere inhaltliche Orientierung und eine dadurch effektivere Zusammenarbeit.

Ein weiterer Schwerpunkt der Antworten, die die stattgefundenen Veränderungen positiv beurteilten, bezog sich darauf, daß die Organisation durch die eingeführten Konzepte leichter lenkbar wird, flexibler gestaltet ist und dadurch auch auf die Anforderungen, die von außen an sie herangetragen werden, leichter reagiert werden kann. Festgestellt wurde insbesondere, daß klarere Handlungsstrategien gefertigt werden können, daß Prozesse leichter geändert werden können und dadurch letztlich die Handlungsfähigkeit der Organisation erhöht wird. Korrespondierend hiermit wurde auch vermerkt, daß sich das Aufgabenspektrum für die Einrichtungsleiter und die Führungskräfte wesentlich verändert habe und daß teilweise komplette Aufgabenänderungen eingetreten seien.

Faßt man diese Ergebnisse zusammen, so zeigt sich, daß – soweit eine Situationsveränderung zwischen dem Zustand vor und dem Zustand nach der Einführung managementtypischer Konzepte von den Befragten festgestellt werden konnte – diese Veränderungen hauptsächlich in der Struktur der inneren Organisation aufgefallen sind: In einer Neudefinition des Tätigkeitsspektrums der Mitarbeiter, in dem diesbetreffenden Verhältnis zur Leitungsebene und in der Transparenz dieses Verhältnisses, die erheblich zugenommen hat. Wenn sich veränderte Strukturen im Verhältnis zwischen Leitungsebene und Mitarbeitern gezeigt haben, war häufig – jedoch nicht immer – auch festzustellen, daß die Mitarbeiter über bessere Dienstleistungen und effizienteres Arbeiten berichteten.

An dieser Stelle lohnt ein Vergleich der Antworten mit den Ausführungen zu der Frage, welche Art von managementtypischen Veränderungsprozessen in der sozialen Organisation eingeführt worden waren (siehe Teil II, Abschnitt 2.3.2. und Abschnitt 2.3.3.). In diesem Zusammenhang waren vorwiegend Konzepte genannt worden, die auf Qualitätsmanagement, auf Verbesserung der Organisationsstrukturen und auf die Organisationsentwicklung zielten. Auch wurden entsprechende Maßnahmen genannt, die im Bereich der Führungsebene verankert worden waren. Mit diesem Ergebnis der Untersuchung korrespondieren die Antworten, die sich auf die Frage wie sich die Situation nach Einführung der Konzepte verändert hat, Bezug nehmen: Die Antworten der Mitarbeiter benennen und beurteilen Wirkungen und Resultate der zuvor genannten Konzepte. Eine verbesserte Transparenz, eine erhöhte Motivation der Mitarbeiter, eine höhere Selbständigkeit der Mitarbeiter und eine bessere Dienstleistung sowie ein effizienteres Arbeiten sind adäquate Folgen der Einführung von Methoden des Qualitätsmanagements, der verbesserten Organisation und von Veränderungen in der Leitungsstruktur.

Auffällig in diesem Zusammenhang ist aber, daß die Häufigkeit der genannten Resultate bei den Einrichtungen in keiner Weise der Häufigkeit entspricht, in der von der Einführung der genannten Methoden berichtet wurde. Nur in einem Bruchteil der Fälle, in denen in den Einrichtungen Maßnahmen des Qualitätsmanagements, der Verbesserung der Organisationsstrukturen, der Verbesserung der Führungsstruktur und dergleichen eingeführt wurden, wurden hinterher von den Einrichtungen bzw. deren Mitarbeiter auch Resultate als tatsächlich eingetreten beschrieben, die mit der Einführungen der genannten Konzepte bezweckt und beabsichtigt gewesen waren. Überschlagsmäßig betrachtet kam auf vier bis fünf Fälle, in denen die Einrichtungen von der Einführung der genannten Ansätze berichteten, nur jeweils ein Fall, in dem auch entsprechende Resultate identifiziert worden waren. Zwar war wie dargestellt die positive Resonanz auf die eingeführten Methoden immer noch wesentlich größer als die negative; jedoch auch die positive Resonanz blieb in ihrer Häufigkeit weit hinter dem Umfang zurück, in dem die entsprechenden Konzepte in den sozialen Einrichtungen, deren Mitarbeiter befragt wurden, eingeführt worden waren.

In ganz besonders eklatanter Weise konnte dies festgestellt werden für den Bereich der Außendarstellung der Einrichtungen. Während nämlich die Mitarbeiter nahezu jeder zweiten Einrichtung hinsichtlich der Frage, ob und welche Managementmethoden eingeführt worden waren, geantwortet hatten, daß Maßnahmen zur Leitbildentwicklung, zur Herausbildung einer Corporate Identity und Verbesserungen im Rahmen der Öffentlichkeitsarbeit in Angriff genommen worden seien, wurde hinsichtlich des Vergleichs der Situation vorher/ nachher lediglich noch von den Mitarbeitern einer einzigen Organisation berichtet, daß eine bessere Darstellung der Pflegearbeit nach außen erfolgt ist.

Mithin ergeben sich aus diesem Vergleich Hinweise darauf, daß offensichtlich die Umsetzung der Management-Konzepte nur in begrenztem Umfang den Erfolg zeigen, den die entsprechenden Maßnahmen ihrer Sache nach eigentlich bezweckt haben oder hätten müssen. Mit diesem Ergebnis korrespondiert die bereits eingangs dieses Unterabschnitts gemachte Feststellung, daß die Mitarbeiter bei der Beantwortung der Frage nach der feststellbaren Veränderung der Situation in der Einrichtung vor und nach Einführung einschlägiger Konzepte des Sozialmanagements in signifikanter Häufigkeit hier keine Antwort gaben oder wußten. Es besteht mithin Anlaß für die Vermutung, daß bei der Umsetzung von Management im Bereich der Sozialen Arbeit Schwierigkeiten vorhanden sind, möglicherweise auch strukturelle Mängel oder Probleme anderer Art, die dazu führen, daß das beabsichtigte Ziel der Einführung der jeweiligen Maßnahme in seiner Effizienz nicht voll erreicht wird, zumindest von den Mitarbeitern nicht so aufgefaßt wird. Es kann im vorliegenden Fall nicht Aufgabe der Untersuchung sein, hier im einzelnen detailliert zu ergründen, woran dies jeweils liegt.[43] Es ist insbesondere auch nicht bei dem derzeitigen Stand der Forschung festzustellen, ob es hier typische Merkmale der Umsetzungsdefizite gibt, die sich in allen oder – zumindest bei einer Vielzahl – von sozialen Einrichtungen bei der Einführung derartiger Konzepte bemerkbar machen, oder ob es sich um Defizite handelt, die von Einrichtung zu Einrichtung verschieden sind und daher auch nicht generell beurteilt werden können. Dies zu ergründen wäre sicher eine weitere reizvolle Forschungsaufgabe. Erkennbar ist jedenfalls aufgrund der vorliegenden Befragung eine signifikante Häufigkeit von Fällen, in denen die Einführung/Umsetzung von Konzepten des Sozialmanagements in frei-gemeinnützigen Einrichtungen im Sozialbereich nicht von praktischen Folgen und Wirkungen dieser Prinzipien begleitet werden, die in typischer Weise damit hätten in Verbindung stehen müssen. Dieser Problematik sollte daher im Diskurs zwischen Theorie und Praxis, zwischen sozialer Wohlfahrtspflege und Sozialwissenschaft in Zukunft verstärkte Aufmerksamkeit gewidmet werden.

2.4. SOZIALMANAGEMENT IM KOMMUNIKATIVEN UND ADMINISTRATIVEN BEZUGSSYSTEM DER EINRICHTUNG

Wenn Sozialmanagement ressourcenmobilisierende Maßnahmen zur Verbesserung der Input-Output-Strategie der sozialen Einrichtungen bezweckt, wenn Sozialmanagement Effizienzsteigerung und Leistungsverbesserung zum Ziel hat, dann ist die Auffassung der Personen und Institutionen, zu denen die soziale Einrichtung in Beziehung steht über die Maßnahmen des Sozialmanagements, über ihre Folgen, Auswirkungen und Ergebnisse von weitreichender Bedeutung (siehe Teil I, Kapitel 6.). Entscheidend für einen Erfolg ist vor allem, wie sich die Beteiligten zu den Managementkonzepten stellen, welche Erfahrungen sie mit den Maßnahmen gemacht haben und welche Rückschlüsse sie daraus ziehen.

---

[43] Hingewiesen sei auf die Studie von Gerhard Frank/Claus Reis und Manfred Wolf (1994): „Wenn man die Ideologie wegläßt, machen wir alle das gleiche". Eine Untersuchung zum Praxisverständnis leitender Fachkräfte unter Bedingungen des Wandels der freien Wohlfahrtspflege, die aufzeigt, wie vielseitig und widersprüchlich die Anforderungen sind, mit denen Leitungskräfte konfrontiert sind, und die davor warnt, auf „verkürzten" Wegen die vorhandenen Dilemmata zu lösen versuchen.

(a) Einschätzung der Mitarbeiter: Die Mitarbeiter sind in einer sozialen Einrichtung die zentrale Voraussetzung des Erfolgs, den eine Organisation erreicht. Eine Einrichtung, deren Arbeit auf die Unterstützung anderer Menschen in sozialen Brennpunkten oder Notlagen gerichtet ist, benötigt zur Erfüllung dieser Dienstleistung Mitarbeiter mit Kompetenz, Verantwortungsbewußtsein und Leistungsbereitschaft – und mit der Bereitschaft, sich in dieser Tätigkeit auch mit der sozialen Institution zu identifizieren.

In knapp einem Drittel der Einrichtungen waren die Mitarbeiter den Veränderungen, die ihre Arbeit durch die Einführung von Management-Konzepten erfahren hat, sehr positiv gegenüber eingestellt. In diesem Zusammenhang betonten sie insbesondere, daß mit der Einführung managementtypischer Veränderungsprozesse die Mitarbeiter eine höhere Kompetenz erreicht haben und die Arbeit für sie einfacher geworden ist. Außerdem führten sie aus, daß ein schnelleres Reagieren auf Veränderungen der objektiven Situation möglich ist, was als ein großer Vorteil gewertet wurde. Häufig erklärten sie, daß in der Arbeit ein „Qualitätssprung" festzustellen gewesen ist, der die Mitarbeiter motiviert hat, auch wenn anfängliche Einführungsschwierigkeiten zunächst zu Problemen und Besorgnissen geführt haben. Auffällig war, daß die Mitarbeiter, die die Einführung von Sozialmanagement in ihrer Organisation positiv oder sogar sehr positiv einschätzten, ihr Urteil immer wieder damit begründeten, daß durch die gegenseitige Wertschätzung und Akzeptanz und durch die Teamarbeit Vertrauen unter den Mitarbeitern entwickelt und gefördert wurde und so eine hohe Identifikation der Mitarbeiter mit den Zielen der Konzeption zu erreichen war. Schwierigkeiten, die im Team aufgetreten sind, konnten nach ihren Angaben problemloser thematisiert und mittels kreativer Lösungen leichter kanalisiert werden als vor der Einführung von Konzepten des Sozialmanagements. In einem Fragebogen wurde dies auch so ausgedrückt, daß ein „Wir-Gefühl entstanden" sei.

Hieraus ist zu entnehmen, daß die positive bis sehr positive Einschätzung von diesbezüglichen Konzepten in den Einrichtungen durch die dort tätigen Mitarbeiter vornehmlich danach beurteilt wird, in welchem Maße die Konzepte dazu führen und geeignet sind, die Akzeptanz und Mitarbeit der dort beschäftigten Personen zu sichern, zu erhöhen und Konfliktpotentiale abzubauen.

Knapp ein Fünftel der Mitarbeiter stand den Ansätzen von Sozialmanagement bedingt positiv gegenüber. Obwohl auch sie ähnliche Gesichtspunkte wie diejenige Gruppe, die die Maßnahmen als äußerst fruchtbar für die Arbeit bewerteten, hervorhoben, begründeten sie ihre Vorbehalte gegenüber den Konzepten in erster Linie mit Anpassungsproblemen und Veränderungswiderständen, vor allem auch mit Problemen bei der Einführung der Maßnahmen.

Die Resultate der Befragung zeigten aber auch eine große Anzahl von Antworten, die eine eher zwiespältige oder teilweise sogar negative Einschätzung der Mitarbeiter über derartige Maßnahmen beinhalten. In dieser Weise haben sich knapp die Hälfte aller Befragten geäußert. Beschrieben wurde dieser Zwiespalt gegenüber den Maßnahmen unter anderem damit, daß die Beteiligten eine abwartende Haltung oder sogar Desinteresse gezeigt haben, daß sich ihr Engagement verringert hat und sie mittlerweile nur noch eine beobachtende Stellung einnehmen. In manchen Fällen wurde das Verhalten der Mitarbeiter auch als skeptisch und ängstlich klassifiziert. Wiederum andere beschrieben die Maßnahmen als schlicht überflüssig. Sehr auffällig war bei diesen Antworten, daß die Befragten die eher zurückhaltende Einstellung der Mitarbeiter zu den Maßnahmen des Sozialmanagement nicht verabsolutierten, sondern in einen zeitlichen Kontext stellten. Sehr häufig war nämlich festzustellen, daß die Mitarbeiter die neue Form der Organisation der sozialen Einrichtung desto stärker begrüßten und Vorbehalte abbauten, je länger die Maßnahmen durchgeführt worden waren. Die teils ablehnende Haltung der Mitarbeiter zu den Maßnahmen des Sozialmanagements ist daher auch – wenn auch nicht nur – offensichtlich einerseits auf Einführungsschwierigkeiten dieser Methoden zurückzuführen und andererseits auf eine abwartend kritische Haltung der Mitarbeiter gegenüber „Neuem". Dennoch kann die eher zwiespältige Einstellung eines nicht unerheblichen Teils der Mitarbeiter in sozialen Einrichtungen zu den Maßnahmen des Sozialmanagements nicht allein auf Einführungsschwierigkeiten reduziert werden. Es war nämlich erkennbar, daß ausgerechnet ein nicht unerheblicher Teil der Einrichtungen, die bereits vor 1990 mit Methoden des Sozialmanagements begonnen hatten, auch diejenigen waren, bei denen die Mitarbeiter eine eher zwiespältige Haltung zu diesen Maßnahmen eingenommen haben. Mit Einführungsschwierigkeiten wird dies nach rund acht bis zehn Jahren nicht mehr zu erklären sein.

Es läßt sich daher an diesem Punkt folgende vorläufige Zusammenfassung machen: Einerseits sind die Mitarbeiter in den Einrichtungen zu einem überwiegenden Anteil den Maßnahmen des Sozialmanagements sehr positiv, positiv oder zumindest weitgehend aufgeschlossen eingestellt. Andererseits vertritt ein erheblicher Anteil der Mitarbeiter in den befragten Einrichtungen eher eine zwiespältige oder negative Auffassung, wobei sich dies teilweise auf Einführungsschwierigkeiten zurückführen läßt, teilweise allerdings nicht. Hieraus ergibt sich ein Hinweis für die weitere Forschungstätigkeit im Bereich des Sozialmanagements: Es sollte erforscht werden, aufgrund welcher Umstände, Faktoren, Bedingungen oder Möglichkeiten die Auffassung der Mitarbeiter in der einen oder anderen Richtung geprägt und beeinflußt wird. Aus den gegebenen Antworten läßt sich für diese Fragestellung auch bereits ein erster Hinweis machen, wodurch die Meinung der Mitarbeiter beeinflußt wird: Diejenigen Mitarbeiter, die ihre Einstellung zu den Maßnahmen des Sozialmanagements als sehr positiv oder positiv beschrieben haben, haben dies damit begründet, daß ihnen eine Teamperspektive geboten wurde, daß eine Atmosphäre der Vertrauensbildung geschaffen wurde und daß dadurch auch die Kompetenz und die Eigeninitiative der Mitarbeiter gesteigert werden konnte. Es wird also aller Voraussicht nach in sozialen Einrichtungen unter anderem darauf ankommen, diese Mobilisationsarbeit unter den Mitarbeitern zu leisten, um auch nach außen tragfähige Erfolge der sozialen Einrichtungen zu sichern.

(b) Einschätzung der Einrichtungsträger: Zu dieser Frage fielen die Antworten so deutlich wie sonst nur selten aus: Die Mitarbeiter der Einrichtungen beschrieben die Reaktion der Träger durchweg als positiv. Lediglich in einem einzigen Fall wurde die Reaktion eher als zurückhaltend geschildert. Teilweise wurden die Einstellungen der Träger auch dahingehend zusammengefaßt, daß ihnen die Veränderungen nicht weit genug gingen. Als Motive der Träger für ihre positive Einstellung wurden in erster Linie das Kostenmanagement und die Qualitätssteigerung genannt. Diese Antworten dürften auch den tatsächlichen Gegebenheiten entsprechen, da das Interesse an Kostensenkung bei den Trägern ohne weiteres zu erwarten sein dürfte und eine Qualitätssteigerung ebenfalls in ihrem Interesse liegt, was nicht zuletzt durch die gesetzlichen Neuregelungen im BSHG und SGB VIII, die eine Qualitätskontrolle bzw. Qualitätsentwicklung der Arbeit fordern, forciert wird.

(c) Einschätzung der Klienten: Auch bei der Einstellung der Klienten zu der Einführung von Management in den Einrichtungen ergab die Untersuchung ein hohes Zustimmungsprofil. Insgesamt haben knapp zwei

Drittel der befragten Mitarbeiter der Einrichtungen die Reaktion der Klienten auf die genannten Maßnahmen als sehr positiv geschildert. Es ist anzunehmen, daß diese Beurteilung der Klienten darauf zurückzuführen ist, daß deren Ansprüche, die sie an eine soziale Einrichtung stellen als auch deren Bedürfnisse den Sozialarbeitern besser bekannt sind, und sie diese besser und nachhaltiger erfüllen als vor der Einführung von Konzepten des Sozialmanagements. Dabei dürften nicht nur Maßnahmen des Qualitätsmanagements in der sozialen Einrichtung und eine verbesserte Erfolgskontrolle dafür ausschlaggebend sein, daß die Klienten sich mit ihren Ansprüchen nach der Einführung derartiger Methoden besser berücksichtigt fühlen: Es besteht hier sicher auch eine hohe Korrelation zu der bereits getroffenen Feststellung, daß die Einführung derartiger Maßnahmen auch bei den Mitarbeitern ein hohes Maß an Motivation, eine höhere Selbständigkeit und eine bessere inhaltliche Orientierung bewirkt hat. Die Annahme dürfte gestattet sein, daß die entsprechende Motivation der Mitarbeiter sich in der Interaktion und in der Zusammenarbeit mit den Klienten auch diesen mitteilt, so daß diese den Eindruck gewinnen, angenommen zu sein und mit ihren Bedürfnissen und Problemen angemessene Beachtung zu finden.

Eine eher neutrale bis negative Einschätzung der Auswirkungen der Methoden des Sozialmanagements auf die Klienten wurde nur von knapp einem Drittel der befragten Mitarbeiter mitgeteilt. Der größte Teil dieser Antworten wiederum beschrieb die Reaktion der Klienten dahin, daß diese sich eher ambivalent verhalten haben oder daß die fraglichen Maßnahmen auf sie überhaupt keine Auswirkungen gehabt haben. Daß die Auswirkungen eher negativer Natur gewesen sind, wurde lediglich in einem einzigen Fall mitgeteilt. Eine Gesamtbetrachtung der Klientenreaktionen zeigt somit auch, daß Managementmethoden – in sozialen Einrichtungen angewendet – nicht unbedingt dazu führen müssen, daß der „Gedanke des Helfens" dem Diktat einer betriebswirtschaftlichen Kosten-Nutzen-Analyse geopfert werden muß oder auch tatsächlich geopfert wird. Das Votum der Klienten, das hier von den Mitarbeitern beschrieben wird, läßt zumindest die Vermutung zu, daß es in manchen Einrichtungen gelungen ist, Sozialmanagement in mehr Qualität für die Klienten zu überführen. Auch hier gibt es freilich unbedingt weiteren Forschungsbedarf, um durch eine Befragung des Klientels selbst zu ermitteln bzw. um nachzuweisen, durch welche Maßnahmen genau in der jeweiligen Einrichtung Sozialmanagement in mehr Qualität für die Adressaten resultiert.

(d) Einschätzung der Kommunen: Bei den Kommunen hat in den letzten Jahren nicht zuletzt unter dem Zwang knapper öffentlicher Mittel hinsichtlich des sozialen Bereichs eine Reduzierung ihrer sozialen Dienstleistungen und ein Umdenken stattgefunden. Dieses Umdenken hat nicht nur eine öffentliche Debatte nachvollzogen, die unter dem Stichwort „schlankerer Staat" geführt worden ist – in den Kommunen wurden auch Vorgaben nachvollzogen, die in diesem Zusammenhang von den übergeordneten politischen Organisationen (Bund und Länder) gesetzt worden waren (Klatt 1996: 9-13). Diese staatlichen Vorgaben hatten zum Ziel, angesichts knapper öffentlicher Kassen und angesichts einer nicht unerheblichen Umwertung staatlicher Zielvorstellungen die Kosten im Sozialbereich zu reduzieren und überhaupt das Engagement staatlicherseits zurückzufahren. Parallel zu dieser Entwicklung entstanden Anfang der 90er Jahre die „Neuen Steuerungsmodelle", die in den Kommunen sukzessive etabliert, in nicht unerheblichem Maße die Rahmenbedingungen Sozialer Arbeit tangieren bzw. expressis verbis auf eine Ökonomisierung der Sozialen Arbeit zielen. Einher damit ging in der öffentlichen Diskussion eine Aufwertung und Ausbreitung erwerbsorientierter, sozialer Einrichtungen.

Es verwundert von daher nicht, daß in der Untersuchung die mit der Sozialen Arbeit Befaßten die Reaktion der Kommune auf die Einführung von Sozialmanagement-Konzepten in den frei-gemeinnützigen Einrichtungen nahezu durchgängig als positiv beschreiben, während demgegenüber eine negative Einschätzung von den Mitgliedern der Einrichtungen überhaupt nicht mitgeteilt wurde. Lediglich in ganz wenigen Fällen wurde die Reaktion der Kommune als statisch (ohne nennenswerte Auswirkung) oder als unklar bezeichnet. Demgegenüber waren in nicht wenigen Antworten auch Hinweise enthalten, daß die Kommunen hier auf die Einführung von Methoden des Sozialmanagements nicht nur zufrieden reagierten, sondern vielmehr fordernd in dem Sinne, daß den Kommunen die getroffenen Maßnahmen nicht weit genug gegangen sind.

(e) Einschätzung der Öffentlichkeit: Auch die Öffentlichkeit hat nach Auskunft der Befragten überwiegend positiv auf derartige Maßnahmen reagiert. Andererseits wurde im Hinblick auf diesen Aspekt auch in einer Vielzahl der Antworten mitgeteilt, daß die Öffentlichkeit die Organisation der sozialen Einrichtungen hinsichtlich dieser Frage nicht unmittelbar in den Mittelpunkt ihres Interesses stellte. Häufig war von den Mitarbeitern keine Reaktion in der Öffentlichkeit auf derartige Maßnahmen festzustellen, die in den Einrichtungen initiiert wurden. Dabei kann allerdings nicht unberücksichtigt bleiben, daß die Einschätzung seitens der Öffentlichkeit und der öffentlichen Meinung nicht die tatsächlichen Bedürfnisse und Notwendigkeiten der Einführung von Managementmethoden in sozialen Einrichtungen zum Maßstab hat, sondern Veränderungen hauptsächlich unter dem Blickwinkel beurteilt, inwieweit kostengünstigere Dienstleistungen erbracht werden.

2.5. GRÜNDE FÜR DIE EINFÜHRUNG VON SOZIALMANAGEMENT-KONZEPTEN

In einem nächsten Schritt wurden dann die Mitarbeiter der Einrichtungen gebeten zu erläutern, inwiefern sie die Anwendung von Konzepten des Sozialmanagements für erforderlich halten bzw. als notwendig ansehen und inwieweit nicht. Das Resultat besagt, daß nahezu alle Befragten ein Sozialmanagement in ihrer Einrichtung für erforderlich halten. Lediglich die Mitarbeiter von zwei Einrichtungen halten derartige Maßnahmen nicht für erforderlich. Dies entspricht einem Anteil von weniger als 2%.[44] Interessant ist, daß diese bejahende Haltung auf Seiten der Mitarbeiter unabhängig von der Größe der Einrichtung, insbesondere von der Anzahl der dort tätigen Mitarbeiter und der Anzahl der betreuten Klienten besteht. Sie besteht ferner unabhängig von dem spezifischen Aufgabenspektrum bzw. dem Leistungsschwerpunkt der jeweiligen sozialen Einrichtung. Schließlich ließ sich auch insoweit keine regionale Differenzierung erkennen etwa in diesem Sinne, daß das Erfordernis der Einführung derartiger Maßnahmen in den neuen oder alten Bundesländern häufiger oder weniger häufig bejaht wurde bzw. umgekehrt. Differenzierungen in diesem Sinne haben sich nicht feststellen lassen.

Weiter wurde nun in diesem Zusammenhang gefragt, weswegen im einzelnen die Befragten in den Einrichtungen die Einführung von Methoden des Sozialmanagements für erforderlich halten. In dieser Hinsicht

---

[44] Die Einrichtungen, die diese Auffassung vertraten, hatten in einem Fall zwischen fünf und zehn, zwischen zehn und 20 Mitarbeiter, waren also eher im Bereich mit einem kleineren Mitarbeiterumfang angesiedelt.

fielen die Antworten durchaus unterschiedlich, man kann schon sagen vielschichtig, aus. Als häufigster Grund wurden Aspekte genannt, die sich am ehesten als „Gebot objektiver Umstände" zusammenfassen lassen. Beschrieben wurde in diesem Zusammenhang die Notwendigkeit der Einführung von Maßnahmen des Sozialmanagements beispielsweise als „ein Gebot der Zeit". Argumentiert wurde, daß die wachsenden sozialen Aufgaben einerseits und der starke finanzielle Sparzwang andererseits Tendenzen sind, die keine soziale Einrichtung übergehen kann. Gründe für die Notwendigkeit der Einführung derartiger Maßnahmen sahen die Befragten auch:

(a) in der Konkurrenz, in der die sozialen Einrichtungen zueinander stehen,

(b) in der Notwendigkeit, die Arbeit zu professionalisieren,

(c) in dem Erfordernis, Kostenbewußtsein zu schaffen,

(d) in den sich verändernden Rahmenbedingungen,

(e) in den derzeitigen Veränderungsprozessen im Sozialbereich.

Weitere Antworten, die sich in dieser Gruppe zusammenfassen lassen, besprachen ganz allgemein die gesellschaftliche Veränderung, die Globalisierung und die marktwirtschaftliche Entwicklung im Bereich sozialer Dienstleistungen. Als weiteres Erfordernis für die Einführung von Sozialmanagement wurde auch auf das Bedürfnis der Sicherung des Trägers verwiesen. Die Sicherung des Bestands der Einrichtungen stellte in diesem Zusammenhang einen wesentlichen Aspekt dar, der für die Einführung von Sozialmanagement als ausschlaggebend erachtet wurde. Betont wurde in diesem Zusammenhang, daß es bei geringer werdenden finanziellen Mitteln notwendig ist, diese möglichst effizient und optimiert einzusetzen, da andernfalls der Bestand der Einrichtungen gefährdet ist. Für die finanzielle Sicherung des Trägers ist daher die Einführung kostenoptimierender Methoden ein „Muß", erklärten die Mitarbeiter aus der Gruppe derjenigen, die ein Sozialmanagement für notwendig erachten. Darüber hinaus wurden noch eine erhebliche Anzahl weiterer Gründe angegeben, weswegen die Einführung von Sozialmanagement notwendig sei. Diese Gründe lassen trotz ihrer Disparatheit eine gewisse Struktur erkennen: Zum einen befassen sich die gegebenen Antworten mit einem Phänomen, das am ehesten als das „Bedürfnis nach kommunikativer Zufriedenheit" beschrieben werden kann. In diesem Zusammenhang wurden als Gründe angeführt, daß sich die Atmosphäre in der sozialen Einrichtung verbessert, die Einführung derartiger Methoden eine Atmosphäre schafft, die für alle Beteiligten produktiver, effektiver und angenehmer ist. Weiter wurde in diesem Zusammenhang angeführt, daß dadurch eine bessere Einbeziehung aller Beteiligten herzustellen ist und sich mehr Arbeitsplatzzufriedenheit, größere Transparenz in den Interaktionen der Beteiligten einstellt; die optimale Einbeziehung der Beteiligten wurde als das Mittel gesehen, die Balance zwischen sozialer Not und vorhandenen finanziellen Mitteln mit allen Mitarbeitern in einem ständigen Prozeß zu reflektieren. Zum anderen lassen sich die verschiedenen angeführten Gründe für die Einführung von Sozialmanagement bzw. für die Notwendigkeit dieser Einführung unter dem Begriff „Verbesserung der Input-Output-Struktur" zusammenfassen. Eine Verbesserung der Möglichkeit der Erfüllung der sozialen Aufgaben, eine Steigerung der Effektivität der sozialen Organisation, eine Verbesserung der Beziehung zum Klienten und eine höhere Kundenorientierung wurden in diesem Zusammenhang als Gründe für die Einführung von Konzepten des Sozialmanagements genannt. Mitunter wurde Sozialmanagement auch als die einzige Chance bezeichnet, der sozialen Aufgabe der Einrichtung auch zukünftig gerecht werden zu können. Sozialmanagement ist auch erforderlich für die Vereinfachung der Arbeitsabläufe in der sozialen Einrichtung für mehr Kompetenz und für Qualitätsgewinn, meinten die Befragten. Die Antworten bezogen sich hier in sehr gleichmäßig verteilter Weise auf alle Aspekte des Leistungsspektrums und der Organisationsstruktur sowie auf die Interaktionsverhältnisse: Festgehalten wurde von vielen Befragten auch die Notwendigkeit von Sozialmanagement für die Verbesserung der Führungs- und Leitungsstrukturen. Begründet wurde diese Ansicht damit, daß dadurch klarere Kompetenzen geschaffen, Arbeitsvorgänge gestrafft und vereinheitlicht werden können und die Organisation präzise auf die Bedürfnisse des „Marktes" eingestellt werden kann. Weiter wurde in den gegebenen Antworten auch herausgestrichen, daß ein Sozialmanagement erforderlich ist, um die Kontakte und die Beziehungen zu den Klienten zu verbessern. Immer wieder war in diesem Zusammenhang auch das Stichwort von einer „höheren Kundenorientierung" zu lesen bzw. ein verbesserter Umgang mit den Klienten als maßgeblich durch Sozialmanagement anzustrebendes Ziel betont worden.

Schließlich wurde als drittes Element der „Input-Output-Struktur" auf den Bezug der sozialen Einrichtungen zu ihren anderen Interaktionspartnern verwiesen, insbesondere Träger, Kommunen und Öffentlichkeit. Hier wurde Sozialmanagement im Hinblick auf die Selbstdarstellung der sozialen Einrichtung, für die Verbesserung ihres Ansehens bei den für ihre Weiterentwicklung maßgeblichen Instanzen und für die Verbesserung ihrer Präsentation auf dem „Markt" als nützlich betrachtet.

Zusammenfassend läßt sich bemerken, daß die für die Einführung von Sozialmanagement maßgeblichen Gründe von den Mitarbeitern der sozialen Einrichtungen auf nahezu alle Umstände des Wirkens und der Tätigkeit derselben rückbezogen wurden. Es sind also nicht einzelne Segmente oder partikulare Bereiche in der Organisation oder in dem Leistungsfeld der sozialen Einrichtung, für die Sozialmanagement ausschließlich als notwendig angesehen wurde: Per Saldo betrachtet ergeben die Antworten, daß Sozialmanagement als Erfordernis für die soziale Einrichtung in ihrer Totalität verstanden wird. Jedes einzelne Tätigkeitsfeld bzw. Organisationsspektrum der sozialen Einrichtung stellt nach Auswertung der gegebenen Antworten einen Grund für die Notwendigkeit der Einführung sozialmanagementtypischer Prozesse dar. Daß hierbei auch äußerer Druck, der von den Marktgegebenheiten oder von Forderungen der Träger und Kommunen auf die soziale Einrichtung ausgeht, eine Rolle spielt, wird in den Antworten nicht geleugnet; im Gegenteil: wie dargestellt ergibt sich aus einem Schwerpunkt der insoweit gemachten Antworten durchaus, daß hier der Druck der Marktgegebenheiten, der äußeren Umstände und der Schwierigkeiten, sich auf einem Felde knapper werdender finanzieller Ressourcen zu behaupten ausschlaggebend und prägend dafür ist, daß die Mitarbeiter die Einführung von Sozialmanagement in Non-Profit-Organisationen befürworten.

Bemerkenswert ist in diesem Zusammenhang, daß der so „erfahrene Zwang der Verhältnisse" nur die eine Seite der Gründe darstellt, die für das Erfordernis von Sozialmanagement angegeben wurde. Auf der anderen Seite hielten die Mitarbeiter derartige Methoden auch für die Organisation selbst notwendig, in Hinblick auf das Verhältnis zu den Klienten, zu Trägern und Kommunen sowie der Öffentlichkeit, aber auch hinsichtlich einer Verbesserung der internen Struktur der Organisation selbst, sowie einer Verbesserung der Atmosphäre unter den Mitarbeitern.

2.6. SOZIALMANAGEMENT ALS GEGENSTAND DES INTERNEN REFLEXIONSPROZESSES

Sozialmanagement als Ressourcenmobilisierung, als Mittel zur Verbesserung der Leistungsfähigkeit einer sozialen Einrichtung sowohl im Hinblick auf die interne Organisation wie auch im Hinblick auf ihre Dienstleistung ist kein Akt der einmaligen Installation eines Plans oder einer bestimmten Organisationsstruktur. Sozialmanagement meint vielmehr auch die permanente Überprüfung der inneren Verfaßtheit und der äußeren Leistungsfähigkeit einer sozialen Einrichtung vor dem Hintergrund sich fortwährend verändernder Interaktionsbedingungen. Eine Non-Profit-Organisation im sozialen Bereich vermag ihre Stellung nur dann erfolgreich zu behaupten, wenn sie in der Lage ist, auf geforderte Anpassungen unverzüglich und flexibel zu reagieren. Dies bedingt, daß für die Wirksamkeit von Maßnahmen des Sozialmanagements die Konzepte und Probleme auch Gegenstand der internen Diskussion in der sozialen Einrichtung sein müssen. Nur so können auftretende Probleme für alle Mitarbeiter transparent gemacht werden und Lösungen unter Einbeziehung möglichst vieler Mitarbeiter gefunden werden. Für den Erfolg managementtypischer Maßnahmen in der sozialen Einrichtung erscheint von daher auch als ein wesentliches Kriterium, ob und inwieweit Diskussionen über Sozialmanagement in der sozialen Einrichtung geführt werden und in welchem Umfang.

Die Untersuchung ergab, daß in rund 80% der Einrichtungen das Konzept des Sozialmanagements Gegenstand organisationsinterner Diskussionen ist; lediglich in etwa 10% der Fälle wurde verneint, daß Sozialmanagement in der Einrichtung erörtert wird. Die Mitarbeiter von weiteren 10% der Einrichtungen machten zu diesem Thema keine Angabe, was tendenziell eher darauf schließen läßt, daß das Konzept auch dort kein Gegenstand organisationsinterner Reflexion ist.

Hieraus läßt sich zunächst entnehmen, daß die überwiegende Mehrzahl der Mitarbeiter der sozialen Einrichtungen offensichtlich die Bedeutung der internen Erörterung und der permanenten Diskussion von Problemen des Sozialmanagements verstanden hat und Sozialmanagement nicht nur als ein aufgesetztes Modell begreift, sondern in die internen Diskussions- und Reflexionsprozesse einbezogen hat. Es kann von daher gesagt werden, daß offensichtlich in der Mehrzahl der sozialen Einrichtungen das Sozialmanagement in dieser Weise „gelebt" wird. Dabei ergeben sich freilich Unterschiede in der Häufigkeit und in der Art und Weise, wie diese Diskussionen geführt werden. In eher seltenen Fällen wurde in der Befragung berichtet, daß die Diskussion über Sozialmanagement außerhalb der alltäglichen Arbeit und des unmittelbaren Funktionszusammenhangs der sozialen Einrichtung geführt wird: Hier wurde die Diskussion eher in Seminare verlagert oder tauchte – als Kuriosum am Rande – in Stammtisch-Gesprächen auf. In der Mehrzahl der gegebenen Antworten stellte sich heraus, daß die Diskussion über Sozialmanagement in der täglichen Praxis der sozialen Einrichtung verankert war. Dies galt zum einen in informeller Weise, nämlich so, daß die Maßnahmen Gegenstand der persönlichen Gespräche zwischen den Mitarbeitern bildeten, hauptsächlich aber als Teil des förmlichen internen Diskussions- und Selbstfindungsprozesses der sozialen Einrichtung bzw. bei der Auswahl der Maßnahmen, die für die alltägliche Praxis geeignet erscheinen. Mehrheitlich wurde berichtet, daß Maßnahmen des Sozialmanagements regelmäßig Gegenstand von Erörterungen bei Supervisionen oder Dienstbesprechungen waren und sind. Eine derartige Erörterung entspricht durchaus dem funktionalen Grundgedanken des Sozialmanagements, durch eine möglichst flache Hierarchisierung der sozialen Einrichtung den internen Kommunikationsprozeß zwischen Leitungsebene und Mitarbeitern zu effektivieren. Dienstbesprechungen sind insoweit sozusagen die Nahtstelle, an der die Funktionsbereiche der Leitung und der Mitarbeiter in den einzelnen Aktionsbereichen aufeinander treffen. Sie sind ein wichtiges Mittel der internen Kommunikation in der Einrichtung zwischen den einzelnen Funktionsträgern als auch zwischen Mitarbeiter und Leitung. Die Erörterung von Maßnahmen des Sozialmanagements gerade an dieser Nahtstelle erscheint daher in besonderer Weise funktional und sinnvoll.

Sodann wurde in diesem Zusammenhang näher überprüft, auf welche Initiative der Diskussionsprozeß hinsichtlich Sozialmanagement-Konzepten in der Einrichtung zurückzuführen sei. Die Befragten in den Einrichtungen nannten Träger, die Leitung, die Mitarbeiter und auch externe Berater als Initiatoren eines derartigen Prozesses. Externe Berater erschienen jedoch nur in einem äußerst geringen Umfang, der praktisch nicht signifikant zu nennen ist, als Veranlasser einer derartigen Erörterung: Lediglich in zwei Einrichtungen gaben die Mitarbeiter an, daß ihr Diskussionsprozeß hinsichtlich Sozialmanagement-Ansätzen auf den Einfluß externer Berater zurückzuführen ist. Die überwiegende Mehrheit der sozialen Einrichtungen sprach demgegenüber der Leitung und den Mitarbeitern eine überragende Rolle bei der Einleitung derartiger Diskussionsprozesse zu. Dabei, und dies erscheint im vorliegenden Zusammenhang besonders bemerkenswert, zeigte sich, daß sowohl die Leitung als auch die Mitarbeiter in nahezu gleichem Umfang als die Initiatoren eines derartigen Prozesses bezeichnet wurden. Jeweils knapp die Hälfte aller Befragten gaben entweder die Leitungsebene oder die Mitarbeiter als Initiatoren einer derartigen Diskussion an.

Auch hier scheint sich wieder anzudeuten, daß das Problem Sozialmanagement keineswegs allein ein Gegenstand von Interesse für die Leitungsebene einer sozialen Einrichtung ist, wenn bei nahezu der Hälfte der Einrichtungen die Diskussion über Sozialmanagement auf Initiativen der Mitarbeiter, die nicht zur Leitungsebene gehören, zurückgeht. Es unterstreicht damit auch, daß offensichtlich eine breite Anzahl der nicht in der Leitungsebene tätigen Mitarbeiter einer sozialen Einrichtung das Erfordernis erkannt haben, sich mit derartigen Maßnahmen auseinanderzusetzen, sie ggf. einzuführen oder zu modifizieren.

Daß im übrigen die Erörterung derartiger Maßnahmen auch durch die Leitungsebene initiiert wurde, war ein zu erwartendes Resultat der Befragung.

Bemerkenswert ist, daß in nicht wenigen Fällen die Mitarbeiter und die Leitungsebene gemeinsam als Initiatoren einer derartigen Diskussion auftraten bzw. von den Befragten als solche benannt wurden. Dies ist ein Hinweis auf die hohe Kohärenz, die das Thema Sozialmanagement offensichtlich sowohl bei der Leitungsebene als auch bei den Mitarbeitern auslöst.

2.7. SOZIALMANAGEMENT ALS GEGENSTAND DER FORTBILDUNG
DER MITARBEITER

Die Fortbildung von Mitarbeitern sozialer Einrichtungen in Fragen des Sozialmanagements gibt auch einen Hinweis auf die Nachhaltigkeit, mit der die Einführung von Managementmethoden in der sozialen Einrichtung betrieben wird. Fortbildungsmaßnahmen zeigen, daß die Anwendung von Maßnahmen des Sozialmanagements nicht als Einmalaktion verstanden werden, sondern vielmehr als permanenter Prozeß, durch höhere Qualifizierung der Mitarbeiter die Dienstleistung der Organisation sachgerecht im Hinblick auf die anstehenden Erfordernisse zu optimieren.

Das Ergebnis der Befragung ergab in diesem Zusammenhang ebenfalls einen hohen Anteil der Non-Profit-Organisationen, deren Mitarbeiter an Fortbildungsmaßnahmen teilgenommen haben oder derzeit teilnehmen. Die Auswertung ergab, daß bei insgesamt mehr als zwei Dritteln der Einrichtungen die Mitarbeiter an derartigen Fortbildungsmaßnahmen teilgenommen haben oder noch teilnehmen. Bei rund 10% der Einrichtungen war die Teilnahme an entsprechenden Fortbildungsmaßnahmen für die Zukunft geplant. Bei etwas weniger als einem Drittel der Einrichtungen haben die Mitarbeiter derartige Fortbildungsmaßnahmen bislang nicht besucht und derartiges ist in diesen Einrichtungen derzeit auch nicht geplant. Insoweit zeigt sich, daß nicht alle Einrichtungen, die die Probleme des Sozialmanagements in ihren internen Diskussionsprozeß einbezogen haben, aus diesen Diskussionen auch die Schlußfolgerung gezogen haben, die Einführung oder die Verbesserung von Maßnahmen des Sozialmanagements durch die Teilnahme von Mitarbeitern an entsprechenden Fortbildungsveranstaltungen zu verstärken und zu untermauern.

Andererseits ergab sich eine deutliche Signifikanz bei den Einrichtungen, deren Mitglieder auch den internen Diskussionsprozeß nicht pflegen: Nahezu alle Verantwortlichen dieser Einrichtungen haben zum Thema Fortbildungsveranstaltungen erklärt, daß ihre Beschäftigten an derartigen Veranstaltungen nicht teilnehmen. Anders ausgedrückt: Überall, wo über Sozialmanagement in den sozialen Einrichtungen nicht diskutiert wird, besteht auch kein Interesse an entsprechenden Fortbildungsveranstaltungen, während umgekehrt durchaus auch in sozialen Einrichtungen, die nicht an Fortbildungsmaßnahmen teilnehmen, ein interner Diskussions- und Reflexionsprozeß über die Probleme des Sozialmanagements besteht. Außerdem ließ sich bei den sozialen Einrichtungen deren Mitarbeiter sowohl den internen Diskussionsprozeß über Sozialmanagement führen als auch an Fortbildungsmaßnahmen dieses Thema betreffend teilnehmen, eine bemerkenswerte Signifikanz hinsichtlich des Teilnehmerkreises derartiger Fortbildungsveranstaltungen feststellen: Es handelt sich bei den Teilnehmern derartiger Veranstaltungen im wesentlichen um Mitglieder der Leitungsebene. Diese wurden etwa dreimal so häufig als Teilnehmer an entsprechenden Fortbildungsveranstaltungen genannt als Mitarbeiter, die keine leitende

Funktion inne haben. Hieraus ist zu entnehmen, daß die Fortbildung in Fragen des Sozialmanagements vorwiegend als Domäne bzw. Zuständigkeit der Mitglieder der Leitungsebene aufgefaßt wird und weniger als Angelegenheit der Gesamtheit der Mitarbeiter der sozialen Einrichtung. Dies erscheint deswegen besonders auffällig, weil im Hinblick auf die Frage nach der internen Diskussion von Sozialmanagement sich herausgestellt hat, daß diese interne Diskussion in einem wesentlichen Maße auf die Initiative von Mitarbeitern zurückging, die keine Leitungsfunktionen ausübten. In diesem Zusammenhang wäre zu überlegen und näher zu untersuchen, aus welchen Gründen bei dem Besuch entsprechender Fortbildungsveranstaltungen die Beteiligung der breiten Mitarbeiterschaft der sozialen Einrichtung erheblich hinter dem Anteil der Mitarbeiter mit leitender Funktion zurückbleibt. Dies läßt sich sicherlich zum einen darauf zurückführen, daß die Probleme des Sozialmanagements unmittelbar in einem engeren Zusammenhang mit den Aufgaben der leitenden Mitarbeiter der sozialen Einrichtungen stehen. Andererseits ist es gerade von großer Wichtigkeit bei der Einführung von Maßnahmen des Sozialmanagements, die Mitarbeiter an den Entwicklungsprozessen der Organisation zu beteiligen und mehr in den Verantwortungszusammenhang einzubeziehen. Von daher besteht durchaus Grund und Anlaß, auch Mitarbeitern, die nicht unmittelbar der Leitungsebene der sozialen Einrichtung angehören, die Beteiligung an Fortbildungsveranstaltungen entsprechender Natur zu ermöglichen. Es wäre hier zu untersuchen, woran deren Teilnahme scheitert bzw. wie eine Beteiligung an derartigen Fortbildungsveranstaltungen von Mitarbeitern, die nicht der Leitungsebene zuzurechnen sind, zu fördern und zu intensivieren wäre.

Hinsichtlich der Größe der befragten sozialen Einrichtungen ergaben sich keine auffälligen Unterschiede im Zusammenhang mit den Problemen des internen Reflexions- und Fortbildungsprozesses über Sozialmanagement. Sowohl Einrichtungen mit eher weniger als auch mit eher mehr Mitarbeitern verteilten sich auf die gegebenen Antworten, ohne daß zwischen ihnen ein bemerkenswerter Unterschied festzustellen gewesen wäre.

Zusammenfassung und Ausblick

Zusammenfassend läßt sich über die Einführung und den Bekanntheitsgrad von Sozialmanagement in sozialen Einrichtungen folgendes sagen: Fast in allen Einrichtungen wurden Konzepte des Sozialmanagements eingeführt oder bereits praktiziert, wobei insbesondere die Bereiche der Organisationsentwicklung und der Corporate Identity schwerpunktmäßig hervortraten. Die Einführung der Maßnahmen erfolgte „klientenneutral", d.h. ohne besondere Gewichtung in bestimmten Tätigkeitsfeldern oder Dienstleistungsangeboten und hatte ihren Höhepunkt in den Jahren 1994 bis 1996.

Die Beurteilung dieser Maßnahmen durch die Mitarbeiter war zwiespältig. Ein knapp überwiegender Teil der Mitarbeiter in den Einrichtungen beurteilte die Maßnahmen positiv.

In erster Linie sahen sie eine Verbesserung der Kommunikationsstrukturen, eine klarere Kompetenzverteilung und mehr Transparenz in den Strukturen der Organisation.

Der andere Teil der Mitarbeiter konnte zu den Wirkungen dieser Maßnahmen kein eindeutiges Urteil abgeben oder war sogar – wenn auch nur zu einem geringeren Teil – den durch ein Sozialmanagement initiierten Veränderungen gegenüber eher negativ eingestellt.

Dabei war jedoch bei den Mitarbeitern in den allermeisten Einrichtungen die Erwartungshaltung hinsichtlich der Einführung von managementtypischen Maßnahmen hoch bis sehr hoch. Versprochen haben sich die Beteiligten vor allem eine Optimierung der internen Kommunikation und eine bessere Teamarbeit. Nahezu alle Befragten kannten den Begriff „Sozialmanagement" und konnten Bestimmungen diesen Gegenstands nennen. Diese stammten jedoch meist nicht aus dem Kontext der sozialen Einrichtung selbst. Die Sozialarbeiter/Sozialpädagogen hatten diesen Begriff in Fortbildungsveranstaltungen, im Studium oder aus der Literatur kennengelernt. Wissen um Sozialmanagement war so gut wie gar nicht Resultat aus der eigenen Praxis, aus dem Zusammenhang der eigenen Arbeit.

Es läßt sich also feststellen: Der Begriff Sozialmanagement ist unter „Praktikern" bekannt, wird aber fast nie aus der eigenen Praxis und dem Zusammenhang der eigenen Arbeit identifiziert. Dabei sind nahezu alle

Methoden des Sozialmanagements in der einen oder anderen Form eingeführt, und die Resonanz der Mitarbeiter dazu ist zwiespältig. Dies deutet auf Vermittlungsprobleme zwischen der Konzeptualisierung von Management-Konzepten und der Umsetzung in der Praxis hin. In diese Richtung weist auch, daß Schulung von Sozialmanagement und diesbetreffende Weiterbildung in sozialen Einrichtungen in erster Linie nach den Angaben der Befragten als Angelegenheit und Problem der Führung begriffen wird. Möglicherweise ergeben sich für die Umsetzung von Managementmaßnahmen in diesen Bereichen Schwierigkeiten, die mit der mangelnden Einbeziehung der Mitarbeiter in Beziehung stehen bzw. darauf zurückzuführen sind, und dies, obwohl sich alle Mitarbeiter von den Ansätzen eines Sozialmanagements für die Praxis viel versprochen hatten, ohne daß sie aber immer genau angeben konnten, was das im einzelnen bedeutet. Es ist von daher zu überlegen, ob Ausbildungsmaßnahmen nicht nur für die Leitungsebene zu reservieren sind, sondern auch einem größeren Mitarbeiterkreis zugänglich zu machen sind. Aus den dargelegten Sachverhalten und gewonnenen Daten ergibt sich auch, die Ausbildung weiter voran zu treiben und zu entwickeln und andererseits die Vermittlung zu einer Praxis der Sozialen Arbeit noch enger und intensiver zu gestalten. Eine engere Kooperation in beiden Bereichen versteht sich deshalb von selbst.

Anhang

Fragebogen: Wie findet Sozialmanagement in der Praxis Anwendung?

Name der Einrichtung, Adresse, Telefonnummer

....
....
....
....
....

Träger

....
....

Name und dienstliche Telefonnummer des Befragten

....
....

Leistungsspektrum der Organisation

....
....
....
....
....

Anzahl der Mitarbeiter

....

(Wenn der Platz nicht reicht, bitte zusätzliches Blatt verwenden und mit der Nummer der Frage versehen.)

1. In welchem Zusammenhang haben Sie den Betriff Sozialmanagement schon einmal gehört?

....

....

....

2. Was bedeutet für Sie Sozialmanagement?

....

....

....

3. Sind, werden oder wurden in Ihrer Einrichtung Veränderungsprozesse herbeigeführt, die mit Management in enger Beziehung stehen? (Zum Beispiel Organisationsentwicklung, Qualitätsmanagement, Corporate Identity, Organisationsstrukturen, Führungsstil o.a.)

a) wenn ja, welche?

....

....

....

....

b) seit wann?

....

c) stichwortartige Beschreibung der Maßnahmen

....

....

....

....

d) Situation vorher/nachher (bitte beschreiben Sie stichwortartig)

....

....

....

....

....

e) Wie stellen sich Mitarbeiter, die Vertreter der Träger, die Kommune, die Klienten und die Öffentlichkeit zu dieser Veränderung?

....

....

....

....

....

....

....

....

....

4) Wird Sozialmanagement in Ihrer Einrichtung umgesetzt?

....

....

....

....

a) wenn nein, warum nicht?

....

....

....

....

b) halten Sie es für notwendig, warum?

....

....

....

....

c) Wurde Sozialmanagement in Ihrer Einrichtung erörtert, inwiefern?

....

....

....

d) auf wessen Initiative?

....

....

5) Nehmen Mitarbeiter gegenwärtig oder zukünftig an Fortbildungen hinsichtlich Sozial- oder Management teil?

a) wie viele?

....
....
....
....

b) in welcher Funktion (Leitungsebene etc.)

....
....
....
....

c) an welchen und wo?

....
....
....
....
....
....
....

Literatur

Avenarius, Horst (1995): Public Relations: die Grundform der gesellschaftlichen Kommunikation. Darmstadt

Badelt, Christoph (1996): Das Verhältnis von Staat, Markt und Nonprofit-Organisationen. In: Deutscher Caritasverband (Hrsg.): Mehr Markt in der sozialen Arbeit. Freiburg/Breisgau

Bader, Cornelia (1994): Sozialarbeit statt Management. In: Socialmanagement, 5/40-41

Bader, Cornelia (1998): Sozialmanagement als Herausforderung. In: Socialmanagement, 5/17-20

Bauer, Rudolph (1978): Wohlfahrtsverbände in der Bundesrepublik: Materialien und Organisation, Programmatik und Praxis. Weinheim, Basel

Birkigt K./Stadler M.M./Funck H.J. (1998): Corporate Identity: Grundlagen, Funktionen, Fallbeispiele, Landsberg/Lech

Biesenkamp, Rainer (1993): Veränderungen in sozialen Einrichtungen. Organisationsentwicklung und Stellenbeschreibung in der Praxis. Deutscher Verein für öffentliche und soziale Fürsorge (Hrsg.). Frankfurt/Main

Bobzien, Monika (1996): Qualitätsmanagement. Alling

Brülle Heiner/Altschiller Clemens (1992): Sozialmanagement – Dienstleistungsproduktion in der kommunalen Selbstverwaltung. In: Flösser Gaby/Otto Hans-Uwe (Hrsg.): Sozialmanagement oder Management des Sozialen? Bielefeld

Bundesarbeitsgemeinschaft der Freien Wohlfahrtspflege e.V. (Hrsg.) (1997): Gesamtstatistik der Einrichtungen der Freien Wohlfahrtspflege. Bonn

Bundesministerium für Familie, Senioren, Frauen und Jugend (Hrsg.): Qs, Materialien zur Qualitätssicherung. Bonn

Coulshed, Veronica (1994): Management in Social Work. London

Decker, Franz (1997): Management für soziale Organisationen. Landsberg/Lech

Deutscher Caritasverband/Diakonisches Werk (Hrsg.) (1977): Menschen im Schatten. Freiburg i. Breisgau/Stuttgart

Deutscher Verein für öffentliche und private Fürsorge (Hrsg.) (1993): Fachlexikon der sozialen Arbeit. Stuttgart/Berlin/Köln

Diedering, Wolfgang (1994): Analytische Budgetierung in sozialen Organisationen. Freiburg/Breisgau

Dümpelmann, Leo/Hege, Marianne (1993): Reflexion und Dialog über 20 Jahre Ausbildung. In: Schwarz, Gotthart (Hrsg.): Profil und Professionalität. Praxis der Sozialarbeit im Umbruch. München

Eberl, Peter (1996): Entwicklungsorientiertes Management. In: Öhlschläger, Rainer/Brüll, Hans-Martin (Hrsg.): Unternehmen Barmherzigkeit. Baden-Baden

Engelhardt, Hans Dietrich (1995): Organisationsmodelle: Ihre Stärken – ihre Schwächen. Alling

Farnham, David/Horton, Sylvia (1996): Managing Private and Public Organisations. In: Farnham, David/Horton, Sylvia (Hrsg.): Managing the New Public Services. London

Finis Siegler, Beate (1997): Ökonomik Sozialer Arbeit. Freiburg/Breisgau

Flierl, Hans (1992): Freie und öffentliche Wohlfahrtspflege. München

Flösser, Gaby/Otto, Hans-Uwe (Hrsg.) (1992): Sozialmanagement oder Management des Sozialen? Bielefeld

Frank, Gehrhard/Wolf, Manfred (1988): Führen und Leiten in sozialen Diensten. Eine Untersuchung zur Subjektivität von Leitungskräften. Deutscher Verein für öffentliche und private Fürsorge (Hrsg.). Frankfurt am Main

Frank, Erhard/Reis, Claus/Wolf, Manfred (1994): „Wenn man die Ideologie wegläßt, machen wir alle das gleiche". Das Praxisverständnis leitender Fachkräfte unter Bedingungen des Wandels der freien Wohlfahrtspflege. Deutscher Verein für öffentliche und private Fürsorge (Hrsg.). Frankfurt/Main

Frankfurter Rundschau (21.04.1998): Studie macht Ausmaß verdeckter Armut deutlich. Frankfurt/Main

Gabler-Wirtschaftslexikon (1992): Wiesbaden

Gehrmann, Gerd (1993): Management in sozialen Organisationen. Berlin/Bonn/Regensburg

Groddeck, Norbert/Schumann, Michael (Hrsg.) (1994): Modernisierung sozialer Arbeit durch Methodenentwicklung und -reflexion. Freiburg/Breisgau

Hanesch, Walter u.a. (1994): Armut in Deutschland. Deutscher Gewerkschaftsbund/Paritätischer Wohlfahrtsverband (Hrsg.). Reinbek

Hartmann, Wolf D. (1988): Handbuch der Managementtechniken. Berlin

Heiner, Maja (Hrsg.) (1996): Qualitätsentwicklung durch Evaluation. Freiburg/Breisgau

Helgessen, Sally (1991): Frauen führen anders. Frankfurt/Main/New York

Hoefert, Hans-Wolfgang (1990): Sozialmanagement-Orientierung an industriellen Vorbildern? In: Soziale Arbeit, 1/2-3

Hummel, Konrad (Hrsg.) (1995): Bürgerengagement. Freiburg/Breisgau

Hunziker, Vreni (1992): Führen in sozialen Organisationen. In: Brückner, Margit (Hrsg.): Frauen und Sozialmanagement. Freiburg/Breisgau

Jäger, Alfred (1996): Hard- und Soft-Management in sozialen Unternehmen. In: Boskamp, Peter/Knapp, Rudolf (Hrsg.): Führung und Leitung in sozialen Organisationen. Neuwied/Kriftel/Berlin

Kiessling, Waldemar F./Spannagel, Peter (1997): Corporate Identity. Alling

Klahre, Ralf (1994): Sozialarbeit und Management. In: Studiengruppe Sozialmanagement der Fachhochschule Niederrhein (Hrsg.): Neue Sichten in Sicht. Aachen

Klatt, Wolf D. (1996): Zum Funktionswandel der kommunalen Sozialplanung in den 90er Jahren. Theorie und Praxis der sozialen Arbeit, 6/9-13

Klug, Wolfgang (1997): Wohlfahrtsverbände zwischen Markt, Staat und Selbsthilfe. Freiburg/Breisgau

Kulbach, Roderich (1994): Öffentliche Verwaltung und Soziale Arbeit: Eine Einführung für soziale Berufe. Freiburg/Breisgau

Lohmann, David (1997): Das Bielefelder Diakonie Management Modell. Gütersloh

Maas, Udo (Hrsg.) (1985): Sozialarbeit und Sozialverwaltung. Weinheim

Maelicke, Bernd (1989): Management in sozialen Organisationen. In: Blätter der Wohlfahrtspflege, 3/67-70

Maelicke, Bernd/Reinbold, Brigitte (1992): Sozialmanagement und Organisationsentwicklung für Non-Profit-Organisationen. In: Flösser, Gaby/Otto, Hans-Uwe (Hrsg.): Sozialmanagement oder Management des Sozialen? Bielefeld

Maelicke, Bernd (Hrsg.) (1996): Qualitätsmanagement in sozialen Betrieben und Unternehmen. Baden-Baden

Maelicke, Bernd (Hrsg.) (1998): Freie Wohlfahrtspflege im Übergang zum 21. Jahrhundert. Baden-Baden

Meinhold, Marianne (1996): Qualitätssicherung und Qualitätsmanagement in der sozialen Arbeit. Freiburg/Breisgau

Merchel, Joachim (1992): Sozialmanagement als Innovationsstrategie? In: Flösser, Gaby/Otto, Hans-Uwe (Hrsg.): Sozialmanagement oder Management des Sozialen? Bielefeld

Möller, Matthias (1997): Das „neue Steuerungsmodell": Konsequenzen für die soziale Arbeit. In: Zeitschrift für Sozialreform, 43/685-703

Müller, Erwin (1995): Leben wie zu Hause. In: Beck, Martin (Hrsg.): Handbuch Sozialmanagement, Soziale Unternehmen erfolgreich führen. Stuttgart/Berlin/Bonn

Müller-Schöll, Albrecht (1992): Sozialmanagement: Zur Förderung systematischen Entscheidens, Planens, Organisierens, Führen und Kontrollierens in Gruppen. Neuwied/Kriftel/Berlin

Müller-Schöll, Albrecht (1993): Das Konzept „Sozialmanagement" als Grundlage der Befähigung zu Organisationsentwicklung. In: Schönig, Wolfgang/ Brunner, Ewald J. (Hrsg.): Organisationen beraten: Impulse für die Praxis. Freiburg/Breisgau

Öhlschläger, Rainer/Brüll, Hans-Martin (Hrsg.) (1996): Unternehmen Barmherzigkeit. Baden-Baden

Öhlschläger, Rainer (1995): Freie Wohlfahrtspflege im Aufbruch: Ein Managementkonzept für soziale Dienstleistungsorganisationen. Baden-Baden

Olins Wally (1990): Corporate Identity. Strategie und Gestaltung. Frankfurt/Main/New York

Patak, Michael (1997): Die besseren Manager. In: Socialmanagement 2/13-15

Reichard, Christoph (1995): Umdenken im Rathaus. Neue Steuerungsmodelle in der deutschen Kommunalverwaltung. Berlin

Rödel, Ulrich (1998): Civil Society and the Welfare State. In: Flösser, Gaby/Otto Hans-Uwe (Eds.): Towards More Democracy in Social Services. Berlin/New York

Sachße, Christoph (1995): Verein, Verband und Wohlfahrtsstaat. In: Rauschenbach/Thomas/Sachße, Christoph/Olk, Thomas (Hrsg.): Von der Wertegemeinschaft zum Dienstleistungsunternehmen. Frankfurt/Main

Scharkoff, Helga (1993): Sozialer Umbruch in den Neuländern. In: Schwarz, Gotthart (Hrsg.): Profil und Professionalität: Praxis der Sozialarbeit im Umbruch. München

Schmidt-Grunert, Marianne (1997): Effizienz-Opfer nicht wegrechnen. Hochschulbrief der Evangelischen Fachhochschulen Darmstadt/Freiburg/Ludwigshafen/Reutlingen. 22/2-8

Schwarz, Gotthart (Hrsg.) (1993): Profil und Professionalität: Praxis der Sozialarbeit im Umbruch. München

Schwarz, Gotthart (1994): Sozialmanagement. München

Schwarz, Gotthart (1997): Die Forderung nach mehr Markt. Folgen für die Professionalisierung sozialer Arbeit. In: Deutscher Caritasverband (Hrsg.): Mehr Markt in der Sozialen Arbeit? Freiburg/Breisgau

Schwarz, Peter (1992): Management in Nonprofit-Organisationen. Eine Führungs-, Organisations- und Planungslehre für Verbände, Sozialwerke, Vereine, Kirchen, Parteien usw. Bern/Stuttgart/Wien

Seibel, Wolfgang (1994): Funktionaler Dilettantismus: Erfolgreich scheiternde Organisationen im „Dritten Sektor" zwischen Markt und Staat. Baden-Baden

Steinemann, Horst/Schreyögg, Georg (1997): Management: Grundlagen der Unternehmensführung; Konzepte-Funktionen-Fallstudien. Wiesbaden

Staiber, Helmut (1997): Neue Subsidiarität am Beispiel des Projekts „Lebensräume für Jung und Alt" der Stiftung Liebenau. In: Deutscher Caritasverband (Hrsg.): Mehr Markt in der sozialen Arbeit. Freiburg/Breisgau

Stoffer, Franz (1995): Sozialmanagement 2000. Overath

Strunk, Andreas (1995): Die Sozialarbeit und ihre Ökonomie. In: Socialmanagement 6/12-15

Tschee-Lazari, Susanne (1990): Ellbogen in eigener Sache? In: Popp, Reinhold (Hrsg.): Sozialplanung/Sozialmanagement. Salzburg

Webster's new encyclopedic dictionary (1996). New York

Weigand, Helga (1992): Basisdemokratie versus Hierarchie. In: Brückner, Margit (Hrsg.): Frauen und Sozialmanagement. Freiburg/Breisgau

Weigand, Wolfgang (1994): Zur Integration von Wirtschafts-, Verwaltungs- und Sozialmanagement. In: Groddeck, Norbert/Schumann, Michael (Hrsg.): Modernisierung sozialer Arbeit durch Methodenentwicklung und -reflexion. Freiburg/Breisgau

Wendt, Wolf Rainer (1995): Soziale Arbeit im Wandel ihres Selbstverständnisses. Freiburg/Breisgau

Wendt, Wolf Rainer (1995): Geschichte der sozialen Arbeit. Stuttgart

Wendt, Wolf Rainer (1996): Zivilgesellschaft und soziales Handeln. Freiburg/Breisgau

Wildenmann, Bernd (1994): Professionell führen: Empowerment für Manager, die mit weniger Mitarbeitern mehr leisten müssen. Neuwied/Kriftel/Berlin

Wöhrle, Armin (1992): Jugendhilfe und Management: Fortbildung und Beratung im Kontext von Personal- und Organisationsentwicklung. München

Wohlfahrt, Norbert (1997): Mehr Wettbewerb. Folgen für die Spitzenverbände der Freien Wohlfahrtspflege. In: Deutscher Caritasverband (Hrsg.). Mehr Markt in der sozialen Arbeit? Freiburg/Breisgau

Zingarelli (1994): Vocabulario Della Lingua Italiana. Roma

Die Autorin

Dr. Cornelia Bader ist Professorin und lehrt an der Fachhochschule Magdeburg am Fachbereich „Sozialwesen/Gesundheitswesen". Sie vertritt die Fächer „Sozialmanagement", „Projektmanagement", „Öffentlichkeitsarbeit" und „Sozialverwaltung".